SHUO
MING
LOU

曾大兴 / 著

说名楼

历史记忆与
文学景观

河北出版传媒集团
河北人民出版社
石家庄

图书在版编目（CIP）数据

说名楼：历史记忆与文学景观 / 曾大兴著. -- 石家庄：河北人民出版社，2024.5
ISBN 978-7-202-16894-3

Ⅰ. ①说… Ⅱ. ①曾… Ⅲ. ①楼阁－名胜古迹－介绍－中国 Ⅳ. ①K928.74

中国国家版本馆CIP数据核字(2024)第032922号

书　　名	说名楼：历史记忆与文学景观
	SHUO MINGLOU LISHI JIYI YU WENXUE JINGGUAN
著　　者	曾大兴
选题策划	王斌贤　陆明宇　王　静
责任编辑	李　耘
美术编辑	李　欣
封面设计	璞茜设计
责任校对	余尚敏
出版发行	河北出版传媒集团　河北人民出版社
	（石家庄市友谊北大街330号）
印　　刷	河北新华第一印刷有限责任公司
开　　本	787毫米×1092毫米　1/16
印　　张	19
字　　数	240 000
版　　次	2024年5月第1版　2024年5月第1次印刷
书　　号	ISBN 978-7-202-16894-3
定　　价	78.00元

版权所有　翻印必究

如有印装质量问题，请拨打电话0311－88641240联系调换。

前言

在中华大地美丽、壮观、多姿多彩的山水之间，矗立着许多名楼。这些名楼，有的始建于汉代，有的始建于南北朝，有的始建于唐宋，只有少数始建于元代以后。它们的历史悠久，名气也很大。由于各种自然和人为的原因，它们大多被毁过，也大多被重建过，有的甚至屡毁屡建。例如，滕王阁重建了28次，岳阳楼重建了30多次。

这些名楼，往往集建筑、雕塑、绘画、书法、篆刻、诗词文赋和楹联等多种艺术于一身，具有历史、地理、科学技术、美术、文学、宗教、民俗等多方面的珍贵价值，是中华优秀传统文化中的瑰宝。

中华大地现存多少名楼？2011年，梁思成先生的弟子、已故著名古建筑学家罗哲文教授领衔编著了一本《中华名楼大观》，收录我国的名楼共171座。但是据我所知，还有不少名楼例如春秋楼（河南许昌）、樊楼（河南开封）、太白楼（山东任城）、谢朓楼（安徽宣城）、燕子楼（江苏徐州）、黄楼（江苏徐州）、北固楼（江苏镇江）、芙蓉楼（江苏镇江）、望江楼（四川成都）、散花楼（四川成都）、滕王阁（四川阆中）、越王楼（四川绵阳）等没有收录进去。可以肯定地说，现存的中华名楼远不止171座，准确的数据需要进行普查才能获得。

中华名楼不仅数量多，类型也多样。《中华名楼大观》一书按照"主要用途"，将其大致分为八类：

一是军事防御性的，如城门楼、箭楼、角楼、敌楼、碉楼等；

二是报时性的，如钟楼、鼓楼等；

三是藏书性的，如藏书楼、藏经楼、藏经阁等；

四是礼佛性的，如观音阁、文殊阁、普贤阁等；

五是戏楼，如北京的乙正祠戏楼、承德避暑山庄的清音阁等；

六是文教性的，如文昌阁、魁星阁等；

七是观景楼，如黄鹤楼、岳阳楼、滕王阁等；

八是综合性的。

这个分类虽然只是初步的，但是很有必要。事实上，还可以从年代、地域、建筑材料、构造、外形、楼层数量等不同角度，再行分类（罗哲文、柴福善编著《中华名楼大观》）。分类越细致，研究越深入，认识越充分，保护和利用就有可能更到位。

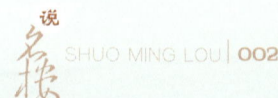

需要指出的是，国内学术界关于中华名楼的研究是很不够的。迄今只有罗哲文先生领衔编著、出版过两本知识性的读物，一本是《中国名楼》（2007），一本是《中华名楼大观》（2011）。罗先生等从古建筑的角度介绍中华名楼的有关知识，这是很有必要的。但是，中华名楼作为一种综合性的物质和精神文化载体，原是可以从各种不同的角度进行研究的。从这个意义上讲，关于中华名楼的研究，可以说是刚刚开始。

从2017年至2019年，我曾两次应邀去中央电视台"百家讲坛"讲中华名楼，一共讲了18座名楼，包括黄鹤楼、岳阳楼、南昌滕王阁、阆中滕王阁、九江浔阳楼、镇江北固楼、徐州燕子楼、蓬莱阁、鹳雀楼、寒山寺钟楼、南京阅江楼、马鞍山太白楼、镇江芙蓉楼、洪江芙蓉楼、绵阳越王楼、开封樊楼、广州镇海楼和昆明大观楼。这些名楼都属于观景楼，它们只是中华名楼的一种类型。

我为什么要讲这些观景楼呢？因为这些观景楼都是因文学而名满天下的，它们的价值是最高的。

宋仁宗庆历五年（1045），岳州知州滕宗谅（子京）重修岳阳楼之后，为了求得范仲淹的那篇后来成为经典的《岳阳楼记》，他给范写了一封信，题为《与范经略求记书》，其中有这样一段话：

> 窃以为天下郡国，非有山水瑰异者不为胜，山水非有楼观登览者不为显，楼观非有文字称记者不为久，文字非出于雄才巨卿者不成著。

这一段话，从景观学的角度来看，可以这样理解：一个郡国（地方），如果没有瑰丽奇异的山水，则不能称为胜地（风景优异之地），这是讲自然景观；有胜地，如果没有楼观（亭台楼阁）供人登览，则不能彰显（为人所知），这是讲人文景观；有楼观，如果没有文字（诗词文赋联）称颂和记载，则不能传之久远，这是讲文学景观；有文字，如果不是出自雄才巨卿（大家、名家）之手，则不能成著（天下闻名），这是讲著名文学景观。由此看来，景观可以分为四个层级：自然景观——人文景观——文学景观——著名文学景观，一个比一个高级。

我在央视"百家讲坛"讲的那18座观景楼，都是著名文学景观。它们最初不都是因文学而建的，但是后来都因文学而名满天下。每座楼在历史上都曾遭到破坏，但是后来都因文学的魅力而得到重建。它们的价值是最高的，其意义也是最丰富的。不仅具有地域性，更具有普遍性。不仅可以唤起人们的地方感和家园感，还能启发人们关于历史、现实、宇宙、生命、哲学、美学等多方面的思考。它们既是文学地理学所讲的文学景观，也是一个地方或一个城市的文化地标。因此我们既要很好地珍惜、保护和利用这些观景楼，更要很好地研究和认识它们，发掘、彰显它们的价值和意义。

"中华名楼"系列节目在央视播出之后，各方面的反响都不错，曾被列入"央视文化精品"多次播出，中宣部主办的"学习强国"网络平台也收录了这个节目。2019年8月，国内有一家出版社以《中华名楼》为名，出版过其中9座名楼的讲稿，另外9座名楼的讲稿则迄今未曾出版。

需要说明的是，讲稿毕竟是讲稿，它是按照电视节目的

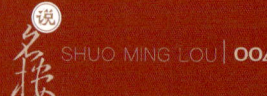

要求写的,不是按照图书的要求写的。如果按照图书的要求写,其中的许多内容是可以更精练一些的。适好河北人民出版社提出为我出版一本《说名楼:历史记忆与文学景观》,我就借此机会,把已经出版的9座名楼中的5座名楼(黄鹤楼、岳阳楼、南昌滕王阁、阆中滕王阁、鹳雀楼)的讲稿做了不少删节和修改,对未曾出版的9座名楼中的7座名楼(镇江芙蓉楼、洪江芙蓉楼、寒山寺钟楼、越王楼、阅江楼、镇海楼、大观楼)的讲稿也做了许多提炼。

还有一个问题也要顺便交代一下。本书所讲的12座观景楼实际上包含了楼与阁这两种建筑类型。楼与阁,这是两个既有联系又有区别的概念,它们的共同点在哪里?不同点又在哪里呢?简要地讲,楼与阁,都是两层以上的建筑,因此都属于楼;它们的不同点在于首层是否架空,首层架空者为阁,首层不架空者为楼。

总之,中华名楼的数量和类型是很多的,我这里只讲了其中的12座观景楼,其他类型的楼则未曾涉及。我希望这本书的出版能够引起更多的人对中华名楼的关注,我也希望今后有更多学者从各种不同的角度去研究中华名楼,从各种不同的角度去认识、彰显和弘扬中华名楼的价值与意义。

说名楼

目录

黄鹤楼

崔颢题诗在上头 〔黄鹤楼上〕 …… 002
- 因文学而扬名中外 …… 004
- 眼前有景道不得 …… 007
- 芳草萋萋鹦鹉洲 …… 010

李白三上黄鹤楼 〔黄鹤楼下〕 …… 016
- 故人西辞黄鹤楼 …… 018
- 黄鹤楼中吹玉笛 …… 022
- 烟波江上使人愁 …… 028

岳阳楼

家国情怀岳阳楼 〔岳阳楼上〕 …… 030
- 岳阳楼的得名 …… 032
- 忧国之泪 …… 034
- 济世之志 …… 037

万家忧乐到心头 〔岳阳楼下〕 …… 042
- 不在现场的写作 …… 044
- 特殊的生活经历 …… 046
- 古仁人之心 …… 051
- 以天下为己任 …… 056

寒山寺钟楼

140 姑苏城外寒山寺 〔寒山寺钟楼上〕
- 寒山寺与寒山子 142
- 寒山寺与枫桥寺 146
- 寒山寺钟楼与大钟 149

152 夜半钟声到客船 〔寒山寺钟楼下〕
- 张继的苏州之行 154
- 夜半钟声 159
- 闻钟声，烦恼清 164

越王楼

168 唐家帝子爱楼居 〔越王楼上〕
- 不一样的亲王 171
- 不一样的意图 173
- 不一样的结局 177
- 两个皇帝的避难所 180

184 君王旧迹今人赏 〔越王楼下〕
- 李贞是李白曾祖父吗 186
- 李白和越王楼 189
- 杜甫和越王楼 191
- 别具一格的"越王楼诗会" 195

阅江楼

200 万里长江一望收 〔阅江楼上〕
- 两记呼楼六百年 202
- 阅江楼因何而建 204
- 阅江楼因何停建 207
- 历史上究竟有无阅江楼 212

216 开国文臣台阁体 〔阅江楼下〕
- 不一样的台阁体 218
- 遍观群书 221
- 不言温树 223
- 生而得体，死亦得体 227

滕王阁 〔南昌滕王阁〕

060 登高作赋滕王阁
- 家君作宰，路出名区 …… 062
- 萍水相逢，尽是他乡之客 …… 065
- 穷且益坚，不坠青云之志 …… 069

072 伤今怀古话滕王 〔南昌滕王阁〕
- 滕王三建滕王阁 …… 074
- 滕王蛱蝶江都马 …… 078
- 君王台榭枕巴山 …… 084

鹳雀楼

088 高楼千载镇蒲关 〔鹳雀楼上〕
- 鹳雀楼的两个700年 …… 090
- 为何兴建鹳雀楼 …… 094

098 请君更上一层楼 〔鹳雀楼下〕
- 《登鹳雀楼》的景和意 …… 100
- 《登鹳雀楼》作者之谜 …… 103

芙蓉楼

110 一片冰心在玉壶 〔镇江芙蓉楼〕
- 镇江芙蓉楼 …… 112
- 玉壶冰心 …… 114
- 「诗家夫子」两窜遐荒 …… 118

124 莫道弦歌愁远谪 〔洪江芙蓉楼〕
- 龙标仙尉 …… 127
- 亳州遇害 …… 132
- 洪江芙蓉楼 …… 134

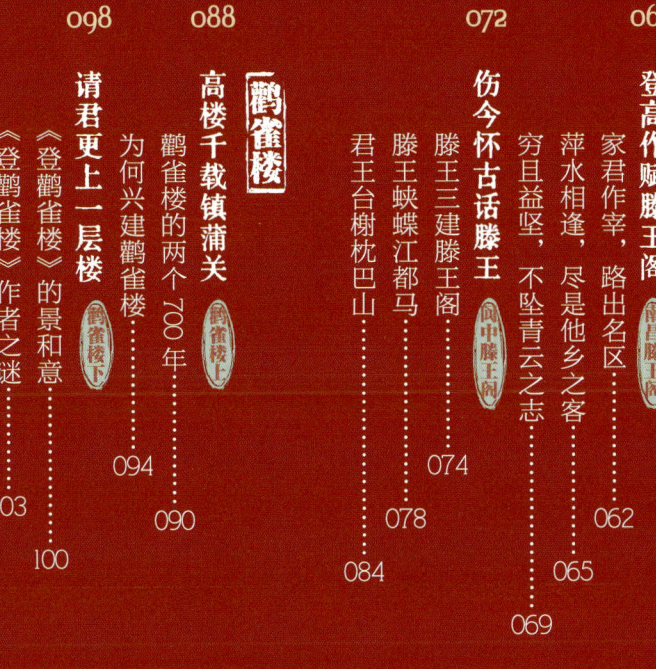

[大观楼] 258

非常楼阁非常事 《大观楼上》

非常之名 …… 260
非常之楼 …… 263
非常之人 …… 267
非常之事 …… 270

非常风景非常联 《大观楼下》 274

五百里滇池，奔来眼底 …… 276
汉习楼船，唐标铁柱 …… 280
宋挥玉斧，元跨革囊 …… 284
海内第一联 …… 288

后记 …… 290

[镇海楼] 232

层楼高踞越王台 《镇海楼上》

镇海楼的前世今生 …… 235
越王台上生秋草 …… 238
歌舞冈前辇路微 …… 241

登高人上五层楼 《镇海楼下》 246

五百年故侯安在 …… 249
凭栏处泪洒英雄 …… 252
一生知己是梅花 …… 255

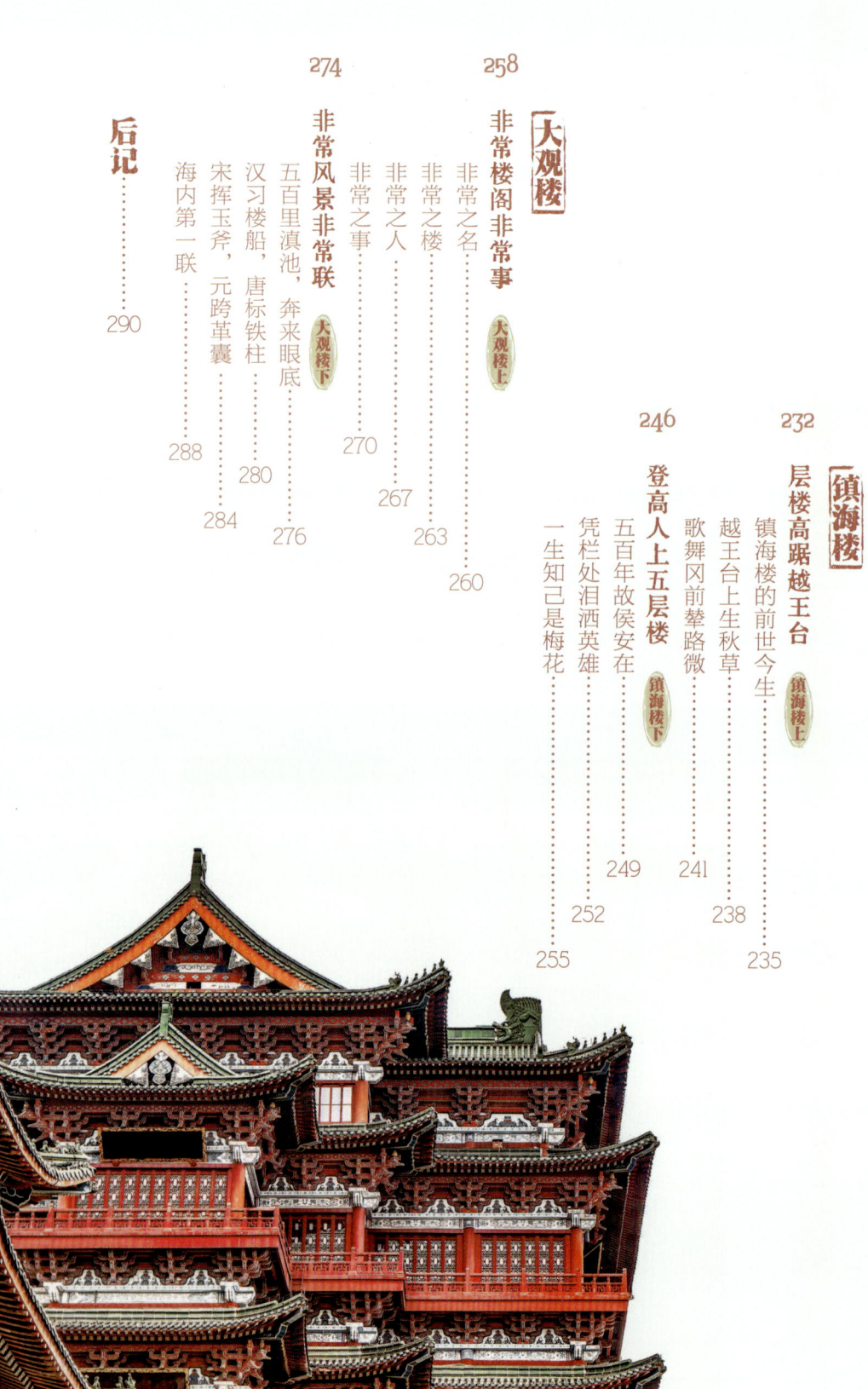

黄鹤楼

崔颢题诗在上头

黄鹤楼 位于武汉市武昌区境内的蛇山黄鹤矶之上,濒临长江。钢筋混凝土仿木结构,五层,高达51.4米。每层都设有回廊,可凭栏远眺。站在黄鹤楼上,可以俯瞰武汉长江大桥和京广铁路线,可以俯瞰长江和汉水,可以俯瞰武汉三镇。

黄鹤楼是与武汉的名字联系在一起的,中外游客来到武汉,必上黄鹤楼。它是武汉的一个文化地标,也是"江南第一大名楼",又被称为"天下江山第一楼"。它的名声是很大的。

因文学而扬名中外

黄鹤楼为什么会有这么大的名声呢？或者说，是什么原因成全了黄鹤楼这么大的名声呢？

可以说，并非建筑本身的原因，虽然它的建筑是这样的巍峨壮观。也不是政治、军事或经济方面的原因，而是文学的原因。是文学成全了黄鹤楼的千古盛名。

我们先看它的得名。据记载，古代仙人王子安曾经乘黄鹤经过这里，因此这个地方就叫黄鹤矶。东吴黄武二年（223），孙权出于军事上的需要，在这里建了一座城，叫夏口城。又在这座城的险要之处，也就是在它的西南方的黄鹤矶上，建了一座楼，取名为黄鹤楼。

可见黄鹤楼之所以叫黄鹤楼，是因为它所在的地方叫黄鹤矶；黄鹤矶之所以叫黄鹤矶，是因为有仙人王子安乘黄鹤经过这里这个传说。这个传说来自哪一本书呢？——《齐谐记》。

那么，《齐谐记》又是一本什么样的书呢？

庄子讲："《齐谐》者，志怪者也。"（庄子《逍遥游》）不管是先秦时的《齐谐》，还是南朝时东阳无疑所著的《齐谐记》，抑或吴均所著的《续齐谐记》，都是志怪小说，都属于《聊斋志异》一类的书，都是文学作品。

可见黄鹤楼的得名是源于文学。

关于黄鹤楼的得名，还有另外一个传说。三国时蜀国的费祎登仙的时候，曾经驾黄鹤在

◎黄鹤楼

这座楼上小作停留,因此这座楼就叫黄鹤楼。这个传说来自《述异记》,《述异记》也是一本志怪小说,也是文学作品。

无论哪一种传说,都只是传说,不是历史。例如费祎这个人,就是诸葛亮在《前出师表》中两次提到的那个费祎。诸葛亮死后,他被封为后军师。这是一个很有才干的人,为官也很清廉,但是好喝酒。他就是在一次醉酒之后,被魏国的间谍郭循杀死的。明明死于非命,怎么可能长生不老呢?怎么可能成仙呢?可见他的登仙,也不过是一个传说。

传说是人类想象力的产物,是形象思维的产物,只能归于文学的范畴,不能归于历史的范畴。

因此,黄鹤楼的得名是来自文学。没有文学,就没有黄鹤楼这个名字。

黄鹤楼是因为仙人乘黄鹤的传说而得名的。但是,得名还不等于扬名。得名只是有了一个名字，扬名则是让这个名字传遍天下。真正使黄鹤楼这个名字传遍天下的，也是文学，但不是传说这一类的文学，而是诗词这一类的文学。

最早的黄鹤楼是东吴建的一个军事设施。西晋灭吴之后，三国归于一统，黄鹤楼就失去了它的军事价值。今天的武汉，在三国时称夏口，在唐代称江夏。随着江夏城的发展，黄鹤楼就成了一座纯粹的观景楼，所谓官商行旅，"游必于是""宴必于是"。那些做官的人、经商的人、旅行的人，只要来到江夏，就要登上黄鹤楼，要在楼上观景、饮酒、发思古之幽情。

古代许多诗人和词人，像唐代的宋之问、孟浩然、王维、崔颢、李白、刘禹锡、白居易、贾岛、杜牧，宋代的岳飞、陆游、范成大、刘过、姜夔，明代的杨慎等，都来过黄鹤楼，都在这里留下了作品。仅仅是湖北人民出版社出版的《黄鹤楼诗集》这本书，就收录了从初唐到清末的458位诗人的700多首诗，而这本诗集，还只是一个选本。也就是说，从唐代到清代，究竟有多少诗人、词人登过黄鹤楼，写过多少与黄鹤楼有关的诗词，目前还是一个未知数。

但是有一点可以肯定，在我们所能见到的众多的黄鹤楼诗词中，写得最好的、影响最大的，是崔颢的《黄鹤楼》，还有李白的《黄鹤楼送孟浩然之广陵》和《与史郎中钦听黄鹤楼上吹笛》这三首诗。

正是崔颢、李白的这三首诗，以及与这两位诗人有关的一段文学佳话，极大地提高了黄鹤楼的知名度和影响力，使黄鹤楼得以扬名中外。

讲到黄鹤楼，人们就会想起崔颢的《黄鹤楼》这首诗：

眼前有景道不得

昔人已乘黄鹤去，此地空余黄鹤楼。
黄鹤一去不复返，白云千载空悠悠。
晴川历历汉阳树，芳草萋萋鹦鹉洲。
日暮乡关何处是？烟波江上使人愁。

据北宋学者李畋所著《该闻录》一书记载：李白有一次登上黄鹤楼，满怀兴致地观赏了江夏城的壮丽景色，正要挥笔题诗时，突然看到了崔颢题写在楼上的《黄鹤楼》这首诗。李白驻足观看良久，最后居然放弃了题诗的念头。据说李白临走时，还留下这样两句话：

眼前有景道不得，崔颢题诗在上头。

自从李畋讲了这个故事之后，宋代其他学者像胡仔、刘克庄等人，也都跟着这样讲。于是这个故事就在诗坛上和社会上广泛地传开了，许多人都为之津津乐道，一直讲到今天，所谓"崔颢题诗，李白搁笔"。

在黄鹤楼东边大约150米处，就有一个搁笔亭。这个搁笔亭，就是因为这个故事而兴建的。

当然，也有人不以为然。例如同是宋代学者的计有功，就在《唐诗纪事》一书里，对这个故事的真实性表示怀疑。［计有功撰、王仲

◎搁笔亭

[镌校笺《唐诗纪事校笺》(三)]

  我想在今天也会有人对这个故事的真实性表示怀疑。因为李白毕竟是唐代首屈一指的大诗人,毕竟是"诗仙"啊,他的成就实在是太大了,他的名气也实在是太大了!

  我认为,这个故事不一定真实发生过,它可能只是一个传说。不过,这个传说不同于一般的传说,它是有一定的事实依据的。什么事实依据呢?就是在崔颢写作《黄鹤楼》这首诗之后,李白写过两首模仿它的作品:一首是《鹦鹉洲》,一首是《登金陵凤凰台》。这两首诗在写法上、结构上是一模一样的,都是对崔颢《黄鹤楼》的模仿。

  请看崔颢《黄鹤楼》的前四句:

    昔人已乘黄鹤去,此地空余黄鹤楼。
    黄鹤一去不复返,白云千载空悠悠。

  再看李白《鹦鹉洲》的前四句:

> 鹦鹉来过吴江水，江上洲传鹦鹉名。
> 鹦鹉西飞陇山去，芳洲之树何青青。

再看李白《登金陵凤凰台》的前四句：

> 凤凰台上凤凰游，凤去台空江自流。
> 吴宫花草埋幽径，晋代衣冠成古丘。

所有的唐诗研究专家都认为，李白这两首诗是对崔颢《黄鹤楼》的模仿。那么，李白为什么要一再地模仿崔颢这首诗呢？很显然，就是在他看来，崔颢这首诗确实写得好，他不仅从心里佩服，而且还要和崔颢一比高下。

正是因为李白在崔颢写作《黄鹤楼》之后，接连写了两首模仿崔颢《黄鹤楼》的诗，才有人编撰了"崔颢题诗，李白搁笔"这个故事。

这个故事可能只是一个传说，但是这个传说也能给我们一个很有益的启示。大家不妨再琢磨一下"眼前有景道不得"这句话。所谓"眼前有景道不得"，就是眼前虽然有景，但是写不出诗。为什么呢？因为一首诗通常要具备两个要素：一个是景，另一个是情。而写景是为了抒情，古人讲的"触景生情""即景言情""借景抒情""情景相融"等，就是这个意思。每个人站在黄鹤楼上，都能看到很壮观、很美丽的江城景致，如长江、汉水、汉阳树、鹦鹉洲、蓝天、白云等，但是，是不是每个人看到这些景致之后都能写出好诗来呢？不一定。写诗，除了需要一定的文化素养和写作技巧之外，还得有真情实感。有了真情实感，才有可能写出好诗来。也就是说，就一首诗的写作来讲，情感第一，景致第二。光有景而没有真情实感，那是写不出好诗来的。而这个传说中的李白，只是看到了景，但是这些景还没有触发他的真情实感。可谓眼前有景，心中无情，因此只好暂时搁笔。

芳草萋萋鹦鹉洲

那么，崔颢这首诗，究竟抒发了什么样的情感呢？让我们回到作品本身。先看开头四句：

昔人已乘黄鹤去，此地空余黄鹤楼。
黄鹤一去不复返，白云千载空悠悠。

"昔人"，就是指传说中的那个仙人王子安。唐代是一个崇奉道教的时代，黄鹤楼又有一个仙人骑仙鹤的传说，所以那时候的人登上黄鹤楼，多少都有一点寻找仙人踪迹的意思，有一点求仙访道的意思。然而当时的现实是什么呢？人去楼空。这就未免有些失落。因此这首诗的开头四句，就是写一种人去楼空、求仙不得的失落感。

再看五、六两句：

晴川历历汉阳树，芳草萋萋鹦鹉洲。

既然人去楼空，于是诗人就把自己的思绪由古代拉回到现实，站在黄鹤楼上看江对面的景色。由于天气晴好，汉阳的树木历历在目；由于是在春夏之交，鹦鹉洲上的芳草也长得很茂盛了。这两句虽是写景，但不是单纯的写景。尤其是第六句，可以说是包含了深沉的人生感慨。

我认为，要想真正理解这首诗所包含的情感，必须正确理解第六句的含义。第六句是关键，不可匆匆看过。而要正确理解第六句的含义，则必须搞清楚鹦鹉洲这个地名的来历。

鹦鹉洲这个地名，来自祢衡的《鹦鹉赋》。

据《后汉书·祢衡传》记载，祢衡是东汉末年的一位名士，才华横溢，名气很大，但是也有一点脾气，用今天的话来讲，就是有个性，有独立人格。曹操对他无礼，让他在一个宴会上脱掉自己的衣服，换上鼓史的衣服，为参加宴会的文武官员击鼓助兴，也就是把他当作一个优伶来侮辱。这祢衡呢，根本不理会曹操的要求，他一边击鼓一边走，走到曹操的跟前，索性"裸身而立"，以此来羞辱曹操。宴会之后，祢衡又坐在曹操的大营门口，"以杖捶地大骂"，把曹操的祖宗三代都骂了。曹操恨得咬牙切齿，几次想杀他，但最后还是不敢杀，怕落下一个不能容人的名声。怎么办呢？曹操就来个借刀杀人，把祢衡介绍给荆州刺史刘表。

刘表也不傻，他一眼就看出曹操是想借刀杀人，于是他也来个借刀杀人，把祢衡介绍给江夏太守黄祖，心想黄祖是个粗人，是个急性子，祢衡必死无疑。

没想到，祢衡到了江夏，竟然和黄祖相处得还不错。尤其是黄祖的儿子黄射（此人也是一个太守）非常欣赏祢衡。有一次，黄射大会宾客，有人送他一只鹦鹉，黄射就请祢衡写一篇《鹦鹉赋》。祢衡当场作赋，文不加点，一气呵成，文辞非常漂亮。在座的人无不为之惊叹。我们知道，鹦鹉是一种美丽而聪明的鸟类，但是落在了人类的手里，就完全失去了自由，任人玩耍，任人宰割。祢衡的这篇《鹦鹉赋》实际上是借鹦鹉的命运来写古代文士的命运，思想很深刻，文辞很优美，是中国文学史上的名作。

祢衡写作了《鹦鹉赋》，更加受到黄氏父子的器重。但是没过多久，祢衡还是把黄祖得罪了。他在言语上冲撞了黄祖。黄祖命令手下把祢衡推出门外，杖责二十。祢衡就破口大骂。于是黄祖就要杀他。黄祖的儿子黄射得知消息，着急得连鞋子都来不及穿，光着脚丫火速赶来救他，但为时已晚，祢衡已经人头落地。(范晔《后汉书·祢衡传》)

　　祢衡死了之后，黄祖又有些后悔了，毕竟是个粗人嘛！怎么办呢？于是黄祖就厚葬祢衡，把他埋在黄鹤楼西南方向的江中小洲上。这个小洲本来是个无名小洲，因为《鹦鹉赋》的作者祢衡葬在这里，人们就叫

©今日汉阳江滩鹦鹉洲夜景

它鹦鹉洲。

在今天的武汉市汉阳区，还有一个鹦鹉洲。不过这个鹦鹉洲已经不是崔颢写的那个鹦鹉洲了，那个鹦鹉洲在明代末年就沉没在江中了。清代乾隆年间，在今天的汉阳拦江堤外新淤成一个洲，最初叫"补课洲"。当地人为了纪念祢衡，把它改名为鹦鹉洲，又在这里重修祢衡墓，题名为"汉处士祢衡墓"。

祢衡才华横溢，为人正直，仅仅是有点脾气就遭此横祸，死的时候才 26 岁。历代文人对他的遭遇是深表同情的。

崔颢对祢衡的遭遇也是深表同情的。他由祢衡的遭遇想到了自己的遭遇，进而想到了古往今来文士的命运。

崔颢（704？—754）与李白是同辈人，家在汴州（今河南开封）。《旧唐书·文苑传》说：

开元、天宝间，文士知名者，汴州崔颢，京兆王昌龄，高适，襄阳孟浩然，皆名位不振。唯高适官达，自有传。

这段话的意思是说，崔颢、王昌龄、孟浩然这几位诗人，虽然很有才华，在诗坛上很有名气，但是在仕途上并不得志。

因此"鹦鹉洲"这三个字放在这里，就不是单纯地写地名了，而是通过这个地名引出祢衡的故事，再通过祢衡的故事来抒发文士不得志的感慨。

再看"芳草萋萋"这四个字。这四个字出自《楚辞·招隐士》："王孙游兮不归，春草生兮萋萋。"意思是说，一年一度的芳草又绿了，又是一个春天了，漂泊在外的王孙什么时候才能回家呢？很显然，"芳草萋萋"这四个字所表达的是漂泊在外的游子对家乡的思念，是乡愁。

正是因为有了"芳草萋萋"这四个字，才引出了最后两句：

日暮乡关何处是，烟波江上使人愁。

诗人的家乡在哪里呢？在遥远的汴州。这个时候，太阳已经下山了，江面上暮色苍茫，烟波浩渺，根本看不到自己的家乡，也看不到回家的路。于是诗人就感到十分的愁苦了。

总体来看，这首诗有三层意思：前面四句写黄鹤楼上人去楼空，仙人的踪迹杳无可寻，表明求仙之事是虚无缥缈的；第五、六两句通过写

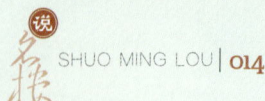

景,尤其是通过写鹦鹉洲来写古往今来文士的命运,表明功名之事是微茫难求的;最后两句的意思是顺着前面来的,既然求仙之事虚无缥缈,功名之事也微茫难求,那就回家乡吧,只有家乡才是最后的归宿。可是江面上暮色苍茫,烟雾笼罩,根本就看不到家乡在哪里。

因此,这首诗的主题就不是寻仙了,而是写人生的失落感,写乡愁。由于写的是人生的失落感和乡愁,因此就很能引起人们的共鸣。每个人的遭遇虽然不一样,但失落感总是有的吧?乡愁总是有的吧?这就是崔颢这首诗为什么会赢得人们的广泛喜爱,进而成为文学经典的根本原因。

从艺术上看,崔颢这首诗的成就也是很高的。宋代著名诗歌批评家严羽甚至认为"唐人七言律诗,当以崔颢《黄鹤楼》为第一"。也就是说,崔颢这首《黄鹤楼》是唐人七言律诗中的压卷之作。这话夸张吗?不夸张。前几年,有学者做过一个"唐诗排行榜",在最有影响的100首唐诗中,崔颢这首诗排位第一。

正是因为崔颢的这首诗,以及"崔颢题诗,李白搁笔"这个故事,极大地提高了黄鹤楼的知名度。据有关史料记载,由于自然灾害和战争等原因,黄鹤楼曾经屡毁屡建,仅在明清两代,就被毁7次,重建和维修了10次。一座楼为什么会屡毁屡建?只有一个原因:名气太大了,成了一个城市的文化地标,非重建不可。

许多人不远千里万里,跋山涉水,一定要来亲眼看看黄鹤楼。为什么呢?因为从小就读过崔颢的《黄鹤楼》这首诗,甚至知道"崔颢题诗,李白搁笔"这个故事。古人讲"楼以文名",就是这个道理。

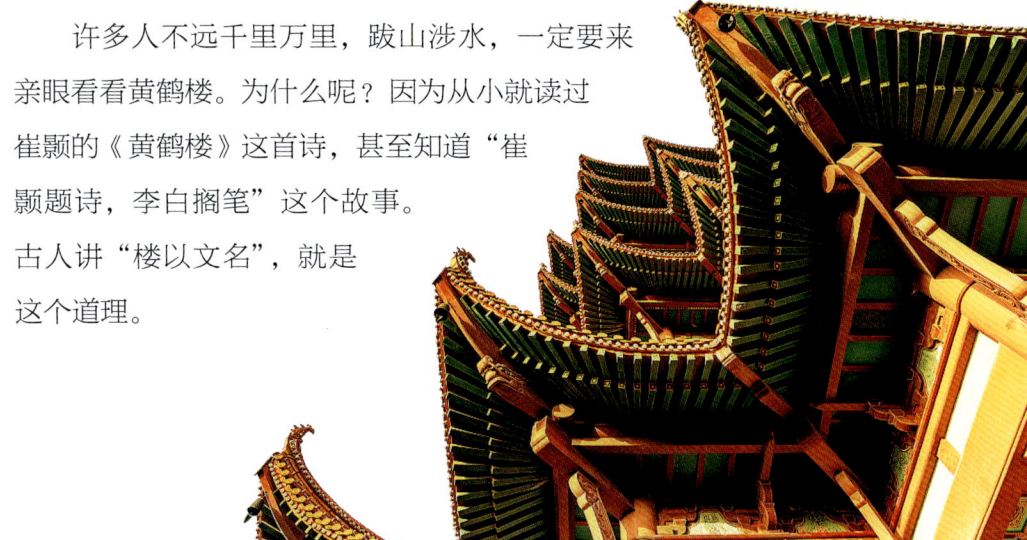

李白三上黄鹤楼

【黄鹤楼下】

"**崔颢**题诗，李白搁笔"的故事可能只是一个传说，不一定真实发生过。例如，李白搁笔究竟在哪一年？有没有同行的人亲眼看见？这些都说不清楚。事实上，李白晚年在一首诗里讲，他一生曾经"三登黄鹤楼"。李白每一次登黄鹤楼，都是有大致时间可考的。每一次登黄鹤楼，他都写了诗。这些诗都是有景有情、情景交融的，其中有两首还成了文学经典。

故人西辞黄鹤楼

李白第一次登上黄鹤楼，大约是在开元十六年（728）的三月，和他一起登楼的，是著名诗人孟浩然。

孟浩然是襄阳（今湖北襄阳）人，李白是昌明（今四川江油）人，黄鹤楼则在江夏（今湖北武昌）。那么，李白是怎么认识孟浩然的？又是怎么到江夏来的呢？

这里面还有一段故事。

李白（701—762）祖籍陇西成纪（今甘肃省天水市秦安县），隋朝末年，他的祖先被流放到西域碎叶城（今吉尔吉斯斯坦共和国托克马克市），李白就是在那里出生的。

李白五岁的时候，随他的父亲由碎叶城悄悄地回到内地，客居绵州昌明县青莲乡（今四川省绵阳市江油市青莲乡）。李白的父亲改名李客。客，就是客居之人，不是本地人。李白一家客居此地，因此江油就成了李白的第二故乡。

李白在这里生活了 20 年左右。25 岁左右的时候，李白"仗剑去国，辞亲远游"。游襄汉，上庐山，东至金陵、扬州，北至汝州（今属河南）。有学者认为，正是在襄阳，他认识了诗人孟浩然（詹锳《李白诗文系年》）。

两年后，李白到了安州安陆县（今湖北安陆）。李白到安陆，最初是受了乡贤司马相如的影响。司马相如的名作《子虚赋》讲到楚国有一个云梦泽，方圆990里，烟波浩渺，一望无涯，其中有无数的珍稀植物和动物。李白为之神往已久。而安州安陆，就是古云梦泽所在地。

安陆虽只是一个小县，但它是安州的州治所在地，历史悠久，文化底蕴深厚。唐高宗时，这里还出过一位宰相，叫许圉师。李白随朋友来到已故宰相许圉师的府上做客，许圉师有一个待字闺中的孙女，才貌俱佳。经人说媒，李白和许小姐结成连理。

李白带着美丽的许夫人，在美丽的白兆山桃花岩下一住就是10余年。他在这里读书、击剑、饮酒、作诗，同时结交荆楚名人，等待时机，准备出山。

在李白所结交的荆楚名人中，最有名的就是诗人孟浩然。开元十六年（728），李白得知孟浩然要去广陵（今江苏扬州），就与孟浩然相约，在江夏再次聚首。

李白陪孟浩然游览黄鹤楼，然后送他东行。送走孟浩然之后，他写下了一首非常有名的诗，这就是《黄鹤楼送孟浩然之广陵》：

故人西辞黄鹤楼，烟花三月下扬州。
孤帆远影碧空尽，唯见长江天际流。

扬州在长江东头，黄鹤楼在长江西头，孟浩然辞别黄鹤楼乘船一路东下，所以叫"西辞黄鹤楼"。

唐代的扬州是当时国内最繁华的城市，当时有一句话，叫"扬一益二"。扬是扬州，益是益州。益州的州治，就是成都。也就是说，当时国内最繁华的城市，扬州第一，成都第二。

扬州在长江下游，气候温暖湿润，又是阳春三月，所以繁花似锦，看上去烟水迷离。孟浩然选择这个时候下扬州，既可以看到扬州的繁华，又可以欣赏到阳春三月的美景，可以说是太懂旅游了。这是很让李白羡慕的。

李白既羡慕孟浩然的扬州之行，又留恋孟浩然这个人，因此在孟浩然上船之后，他就站在江边码头上，久久地目送孟浩然，一直深情地望着，直到他所乘的船只——那一叶"孤帆"渐行渐远，乃至慢慢地消失在视线之外。这时候再也看不到孟浩然了，再也看不到"孤帆远影"了，视线之内只有一江春水，缓缓地、悠然不尽地向天边流去。这缓缓东流悠然不尽的长江水，正好象征着李白对孟浩然的留恋、牵挂与思念。

《黄鹤楼送孟浩然之广陵》这首诗之所以长期以来深受人们喜爱，之所以传播得那么广，除了它的清水芙蓉般的语言、它的自然流畅的节奏，还有一个很重要的原因：就是它所体现的对朋友的一片深情。这一点在今天尤其难得。想想我们今天送朋友，有几个不是匆匆而别？往往送到电梯门口，就说"拜拜"了。亲密一点的，送到楼下；再亲密一点的，送到附近的公交汽车站或者地铁站；只有十分亲密的朋友，才送到机场，或者高铁站。但是送到机场或者高铁站，过了安检，就得挥手告别了："走好！""再见！""一路平安！"说完之后，就真的"拜拜"了。有几个人在飞机起飞之后，或是在高铁呼啸而去之后，还站在那里深情地凝望的？有吗？如果有，也是非常少见的。

也许有人会说，古代交通不发达，通信条件又落后，朋友相聚不易，分别之后更难通消息，因此古人很看重离别，所谓"相见时难别亦难"。哪像现在，想见一个人，很快就见到了。朋友走了之后，接着就是手机短信或者微信，时时刻刻都知道朋友的动向，因此就不再那么牵挂。确实是这样。科技的发达改变了我们的生活，也改变了我们的心情，使朋友之间的感情变得越来越淡。但是我们又都很怀念这种感情，很向往这种感情，觉得这种感情就像一坛老酒，很值得回味。而高科技条件下的送别，也实在是太寡淡、太没韵味了。于是像《黄鹤楼送孟浩然之广陵》这样的古典诗歌，就得到广泛地传诵。

当人们广泛传诵这首诗的时候，黄鹤楼不就跟着扬名了吗？

黄鹤楼中吹玉笛

李白第二次登黄鹤楼,大约是在开元二十二年(734)的冬天。陪他一起登楼的是一位没有留下姓名的友人。李白为他写了一首《江夏送友人》:

> 雪点翠云裘,送君黄鹤楼。
> 黄鹤振玉羽,西飞帝王州。
> 凤无琅玕实,何以赠远游。
> 徘徊相顾影,泪下汉江流。

从这首诗可以看出,李白对这位友人也是一片深情的,也是依依不舍的。这依依不舍中同样包含着一种羡慕,不过这种羡慕已经不是六年前送孟浩然时的那种羡慕,不是羡慕友人去了扬州这样的烟花繁华之地,而是羡慕友人去了帝王州,也就是去了长安(今陕西西安)。长安是唐代的首都,是当时的读书人求取功名、实现自己政治理想的地方。这个时候的李白已经在安陆住了九年。他在这里过得并不顺心,在政治上完全没有进步。两任安州长史都由于世俗偏见不肯推荐他,素有爱才之名的荆州长史韩朝宗也因为同样的原因不肯推荐他。因此在这首诗里,我们已经看不到当年送孟浩然时的那种明快的风格,而是比较沉重。他留恋友人,羡慕友人,也为自己的前途焦虑。那位友人呢,也很留恋他、牵挂他。似乎在说:我要到长安去了,可以实现自己的理想了,可是你还在安陆,你怎么办呢?所谓"徘徊相顾影,泪下汉江流",就是讲两个人都舍不得分手,两个人都在那里徘徊,两个人都流泪了。

李白第三次登上黄鹤楼,是在25年之后的唐肃宗乾元二年(759)五月。陪他一起登楼的是一位姓史的郎中。这个时候,李白早已不在安陆了。他经历了一场牢狱之灾,然后被流放夜郎,最后又遇赦来到江夏。

原来李白在安陆住了10余年,后来许夫人因病去世,他就带着一儿一女离开安陆,到了兖州瑕丘(今山东省济宁市兖州区)。在瑕丘的第三年秋天,唐玄宗召他入京供奉翰林。李白终于出山了,可以实现自己的政治理想了。但是这个时候的唐玄宗已经不是早年那个励精图治的皇帝了,而是一个很昏聩的皇帝,他并没有重用李白。所谓供奉翰林,只是一个临时性的职务,并非正式的翰林学士。李白在这里只是一个文学侍臣,形同倡优。于是他就消极起来,成天喝酒。而同僚当中,有一个叫张垍的人,居然还很嫉妒李白。此人是前宰相张说之子,又是当朝驸马。每当皇帝要提拔李白时,张垍就说他的坏话。于是不到两年,李白就提出走人。唐玄宗没有挽留他,送给他一些金子,就让他走人了。这就是有名的"赐金放还"的故事。

李白离开长安之后,又成了一个行吟诗人。他在梁宋、齐鲁、幽冀、浙东、金陵和宣城等地,也就是今天的河南、山东、河北、浙江、江苏南京、安徽宣城等地游览了一圈,然后又上了庐山,隐居在庐山的屏风叠,受了道箓,也就是办好了做道士的正式手续,做了一名真正的道士。

但是没过多久,发生了一件惊天动地的大事——安史之乱。

所谓安史之乱,就是由握有重兵的军事将领安禄山、史思明发动的一场内乱。安史之乱爆发之后,唐玄宗逃往蜀地。在前往蜀地的途中,他任命太子李亨为天下兵马大元帅,组织、领导和指挥抗击安史叛军，又任命他最宠爱的第十六子永王李璘为山南东道、江南西道、岭南道和黔中道节度使，兼任江陵大都督，驻守江陵。不久，李璘擅自率兵东下，经过庐山。听说李白在庐山，就派人请他下山。这正像一首白话

诗所写的那样:"半个世纪以来,我急,命运不急;而今我不急,命运又急了。"怎么办呢?李白本来也是有功名之念的,这个时候又受到邀请,于是就上了李璘的"楼船",做了他的幕僚。

李白加入李璘的幕府，本意是为了参与抗击安史叛军，谁知这李璘不听新皇帝肃宗的调遣，发兵攻打扬州和苏州。李白发现这个问题之后，就逃回庐山附近的彭泽。后来李璘兵败被杀，李白以"附逆"之罪，被关进浔阳（今江西九江）监狱，然后被流放夜郎。

但是事情也很吊诡。李白流放夜郎，沿着长江上游走，走到奉节县境内的白帝城时，皇帝大赦天下的诏书到了，李白也在被赦之列。他惊喜交集，心情特别轻松愉快，写了一首非常著名的《早发白帝城》：

> 朝辞白帝彩云间，千里江陵一日还。
> 两岸猿声啼不住，轻舟已过万重山。

就这样，李白一日千里地到了江陵。在江陵小作停留，又到了江夏。在江夏，他受到前任刺史韦良宰和新任刺史族叔李某的宴请。这一段时间，李白的心情是很复杂的。一方面，他对亲友们的热情接待和安抚表示感激；另一方面，他对自己这大半生的坎坷经历也多有回忆，尤其是流放夜郎一事，虽然中途遇赦了，但是朝廷并没有为他平反呀！一想到这个所谓"附逆"的冤案，他就为之不平、委屈和难过。有一位姓史的郎中一直陪伴着他，有一天，他们正在饮酒时，忽然听到黄鹤楼上有人在吹笛，其声呜呜然，如怨如慕，如泣如诉。李白由这笛声，再次想起自己的遭遇，就写了这样一首非常著名的《与史郎中钦听黄鹤楼上吹笛》：

> 一为迁客去长沙，西望长安不见家。
> 黄鹤楼中吹玉笛，江城五月落梅花。

"一为迁客去长沙"，"迁客"，是指被贬谪、流放、迁徙的文士。这一句用了贾谊的典故，是借贾谊的遭遇来说自己的遭遇。贾谊是西汉著名的文学家，因批评朝政，受到周勃等权臣的诬陷诽谤，被汉文帝贬

谪到长沙，做了长沙王太傅。他是中国古代自屈原之后第二个被贬谪流放的著名文学家，他的遭遇得到历代文人的深切同情。李白认为，自己的遭遇与贾谊有类似之处。他进李璘的幕府，本意是为了参与抗击安史叛军，事先并不知道李璘有野心。后来发现李璘有野心，他就逃走了。谁知李璘兵败之后，有人就来找他算账，说他"附逆"，这分明就是诬陷。他用贾谊自比，既表达了内心的愤懑，也有为自己辩诬的意思。

"西望长安不见家"，长安是西汉的国都，也是唐代的国都。这一句既是写贾谊，也是写自己。李白的难能可贵之处，在于自己受了委屈和打击，但是心里所牵挂的，还是国家的安危、家人的安危。因为这个时候皇帝虽然回到长安了，但是"安史之乱"并没有平息，国家还在遭受苦难，家人也还在流离之中。所以这一句既写了乡愁，也包含了对国事的担忧。

"黄鹤楼中吹玉笛，江城五月落梅花。"正是思绪万千的时候，听到有人在黄鹤楼上吹笛。吹的是什么曲调呢？《梅花落》。这是一支很著名的曲子，笛声哀婉。"江城五月"是夏天，夏天怎么会落梅花呢？所以有人认为，"江城五月落梅花"这一句，一方面让人感到诗人的心情像冬天一样的寒冷，一方面又让人想起"邹衍下狱，六月飞霜"的传说，让人想到历史上的那些冤案。

这首诗有一个很突出的特点，就是含而不露，有弦外之音，令人同情，令人一唱三叹。

烟波江上使人愁

李白三上黄鹤楼，写了三首诗，每一首都与离别有关，都与别情有关。崔颢的那首诗也是与别情有关的。他们两人都是盛唐时期的诗人，都是在黄鹤楼上留下了经典之作的诗人。他们的这几首经典之作都与别情有关，这就为以后的黄鹤楼诗词定下了一个基调。无论是与朋友的离别，还是与家乡的离别，或是与国都的离别，都体现出一种别情、一种伤感、一种惆怅。

诗人们登上黄鹤楼，为什么都会产生别情呢？为什么都会有些伤感和惆怅呢？这可能与茫茫江水有关。无论是长江，还是汉水，都是那样烟水迷茫。在古代，江夏城（今湖北武汉）境内的长江、汉水两岸，没有今天这么多的楼房，黄鹤楼周围也没有这么多的高层建筑。人们登上黄鹤楼，视野非常开阔，映入眼帘的主要景观，就是长江、汉水。加上江夏地处亚热带湿润区，长年多雨，春雨、夏雨、秋雨，往往下个不停，年降水量在1500毫米以上，使得境内的长江、汉水，经常被雨雾所笼罩，从而形成烟水迷茫的景观。正是这种烟水迷茫的景观，最容易触发人的别情、伤感和惆怅。

岳阳楼

家国情怀岳阳楼

岳阳楼上

岳阳楼坐落在湖南省岳阳市的西门城台之上，台正中有一个拱券形门洞。面阔三间，进深三间，三层，高20.35米。站在岳阳楼上，可以俯瞰烟波浩渺、气象万千的洞庭湖。

岳阳楼

岳阳楼的得名

最早的岳阳楼并不叫岳阳楼，叫"阅军楼"。

东汉末年，孙权手下的大将鲁肃奉命镇守巴丘（今湖南岳阳），在洞庭湖连接长江的险要地段兴建了一座巴丘城，这就是最早的岳阳城。

建安二十年（215），鲁肃又在巴丘城上修建了一座"阅军楼"，用于操练水军。这就是最早的岳阳楼。岳阳楼的历史比黄鹤楼还要早八年。

西晋时，巴丘改名为巴陵，"阅军楼"也改名为"巴陵城楼"。例如南朝著名诗人颜延之就写过一首《登巴陵城楼》，这是最早的一首写岳阳楼的诗。

隋唐之际，"巴陵城楼"被毁。唐玄宗开元四年（716），宰相诗人张说贬官岳州刺史，在一片废墟上重建"巴陵城楼"。这个时候，由于中国南北早已统一，"巴陵城楼"不再具有军事瞭望功能，而成了一座纯粹的观景楼。张说在岳州期间，就经常与一些文人墨客在此登楼赋诗。

张说之后，"巴陵城楼"就比较知名了，唐代诗坛上的许多牛人都来过这里。例如，另一位宰相诗人张九龄，"诗仙"李白，"诗圣"杜甫，"诗隐"孟浩然，"诗豪"刘禹锡，"诗家夫子"王昌龄，"五言长城"刘长卿，写过"夜半钟声到客船"的张继，还有"韩孟诗派"的领袖韩愈，"元白诗派"的领袖元稹和白居易，"朦胧诗人"李商隐等，都先后来过这里，并且留下了不少名篇佳作。如果这些人一起来，那就可以称为唐代诗坛上的"华山论剑"了。

据清代著名学者王琦的《李太白年谱》记载，李白曾经三次来洞庭湖。但是据李白本人的作品记载，应该是四次。第一次、第四次是游洞庭湖，第二次是办事，第三次是路过。正是在第四次，李白写了一首《与夏十二登岳阳楼》，前四句是：

楼观岳阳尽，川迥洞庭开。
雁引愁心去，山衔好月来。

这是中国古典诗歌中第一次出现"岳阳楼"这个名字。李白是大名鼎鼎的"诗仙"，这首诗又写得很好，从此以后，"巴陵城楼"就改称"岳阳楼"了。所以岳阳楼的得名同黄鹤楼一样，也是来自文学。

忧国之泪

岳阳楼,由于"诗仙"李白的到来,才有了今天这个名字;由于"诗圣"杜甫的到来,才有了越来越大的名声。

杜甫(712—770)是河南府巩县(今河南巩义)人,他来岳阳楼,与"安史之乱"有着直接的关系。

"安史之乱"是由安禄山、史思明发动的一场长达八年之久的内乱,爆发时间是在唐玄宗天宝十四载(755)的冬天。"安史之乱"爆发之后不久,杜甫和他的妻小就开始了颠沛流离的生活,他们先在今陕西西安、华州、富县、宝鸡和甘肃天水一带漂泊了五年。唐肃宗上元元年(760)春天之后,杜甫一家到了南方,又在今四川成都、梓潼、阆中、重庆奉节以及湖北江陵、公安一带漂泊了八年。唐代宗大历三年(768),杜甫一家到了岳州。

杜甫为什么要来岳州呢?他的愿望,是要去更南边的郴州,去投奔做郴州刺史的舅舅崔伟。岳州只是路过。

这个时候的杜甫已经57岁了,处境非常艰难。不仅一家老小衣食无着,他自己更是一身的病,肺病、糖尿病、风湿病、右臂偏瘫、耳朵也有些聋了。南方多雨湿热,他们一家大小蜗居在一只小船上,其郁闷、苦楚可想而知。加上与兄弟姐妹、亲戚朋友都失去了联系,可以说是孤立无援。他每天都在渴望回到北方,

◎岳阳楼公园内的怀甫亭

回到家乡,但北方一直都在打仗,家乡根本回不去。他的《登岳阳楼》这首诗就是在这个背景之下写的:

> 昔闻洞庭水,今上岳阳楼。
> 吴楚东南坼,乾坤日夜浮。
> 亲朋无一字,老病有孤舟。
> 戎马关山北,凭轩涕泗流。

诗的第一联说,我很早就知道有个洞庭湖,但是一直都没有机会来看一看。今天,我终于登上了岳阳楼,可以亲眼看一看洞庭湖了。

第二联说,洞庭湖真是大得不得了,把东南地区的吴国故地和楚国故地都分坼了。它不仅大，而且气象壮阔，天地好像就在它上面日夜浮动一样。

第三联，由洞庭湖转到自身的命运。"安史之乱"爆发之后不久，他就带着一家老小，由北到南，四处漂泊，和亲戚朋友都失去了联系，而且一身是病，又长期蜗居在一只小船上。洞庭湖如此广大，自己的生存空间竟如此狭小。这样一对比，就写出了诗人命运的可悲。

第四联，由自身的命运联想到国家的命运。那么，是什么原因使得自己沦落到这步田地呢？是战争，是连续10多年的动乱。这时候，"安史之乱"虽然平息了，但是吐蕃、回纥又相继入侵中原，黄河以北一直都在打仗。国家动乱，异族入侵，人民流离失所。自己的命运，是和国家的命运联系在一起的。只有战争平息了，国家安定了，自己和家人才能回到阔别多年的家乡。可是，战争什么时候才能平息呢？国家什么时候才能安定呢？他不知道。想到这里，这位颠沛流离10多年的老诗人，就只有扶着岳阳楼的栏杆，涕泪交流了。

《登岳阳楼》这首诗，既是杜甫五言律诗的压卷之作，也是所有岳阳楼诗的压卷之作。尤其是"吴楚东南坼，乾坤日夜浮"这两句，堪称千古名句。

据元代著名学者方回讲，他曾经登过岳阳楼，见到在右序球门的墙壁上，大字书写杜甫的《登岳阳楼》；而在左序球门的墙壁上，则大字书写孟浩然的《望洞庭湖赠张丞相》。还说由于有这两首诗，"后人自不敢复题也"（方回《瀛奎律髓》）。

孟浩然（689—740）到岳阳楼，是开元二十五年（737）以后他在张九龄的荆州长史府做幕僚时，陪同张九龄一块去的。

可能有人会问，孟浩然不是一个著名的隐士吗，他怎么会做张九龄的幕僚呢？这里有两个原因：

第一，孟浩然虽是一个隐士，但并非两耳不闻窗外事。他同时也是一个热心于公益的人。我们看看下面这两条记载：

《新唐书·文苑传》：

> 孟浩然，字浩然，襄州襄阳人，少好节义，喜振人患难，隐鹿门山。

王士源《孟浩然集序》：

> 救患释纷，以立义表；灌蔬艺竹，以全高尚。

这两条记载说明，孟浩然这个人具有两面性：一方面，他是一个隐士，隐居襄阳鹿门山，浇水种菜，栽花艺竹，陶醉于自然山水；另一

济世之志

方面，他又是一个热心于扶危济困、排忧解难的人，并不是通常所说的那种独善其身、不关心他人、不关心社会的隐士。

第二，孟浩然所处的时代是盛唐，那是一个有作为的、积极向上的时代。读书人生在这样一个时代，都有一种兼济天下的抱负，都希望能在政治上有所作为，都希望通过为官来一展所学。

正是由于这两个原因，孟浩然曾经两次下山，去长安寻求功名。

他第一次到长安，是在唐玄宗开元十六年（728）。这一次是去参加进士考试，但没有考中。

第二次到长安，是在开元二十一年（733），这一次是为了面见皇帝。

唐人王士源的《孟浩然集序》记载了这样一个故事：说荆州长史韩朝宗发现孟浩然是一个难得的人才，有一次回长安述职，他就让孟浩然同行，准备把孟浩然推荐给皇帝。他跟孟浩然约定："你就在长安找个地方住下来，我上朝时，就带你去见皇帝。"孟浩然说："好！"谁知到了那一天，孟浩然却跟几个朋友出去喝酒了。朋友中有一个人知道他跟韩朝宗有约，就提醒他："你不是跟韩公有约，今天要去见皇帝吗？"没想到孟浩然居然对这个朋友发了一通脾气："你没见我在喝酒吗？人生在世，不过及时行乐而已。"于是就把一餐酒痛痛快快地喝完，而把见皇帝的事耽误了。事后，他也不后悔。

可见这孟浩然也是一个率性之人。

这个率性之人两次赴长安求功名，都是无功而返。直到开元二十五年（737），张九龄罢相，出任荆州大都督府长史，聘他为从事，他才第一次也是平生唯一一次出来给官府做事。

孟浩然在荆州幕府时，经常陪同张九龄游览名胜，写诗唱和。据孟浩然的诗集记载，他们一同游览过荆州城楼，游览过纪南城，游览过渚宫（楚国的宫殿），游览过仲宣楼，也游览过岳阳楼。他的《望洞庭湖

岳陽樓

赠张丞相》就是在这个时候写的：

> 八月湖水平，涵虚混太清。
> 气蒸云梦泽，波撼岳阳城。
> 欲济无舟楫，端居耻圣明。
> 坐观垂钓者，徒有羡鱼情。

这里的张丞相就是指张九龄。诗的前四句写洞庭湖，写得很壮观，很有气势，尤其是"气蒸云梦泽，波撼岳阳城"这两句，是写洞庭湖的千古名句。后四句写自己想出来做官，可惜没有人推荐。意思就是想请张九龄推荐他取得功名，做一个正式的朝廷命官，而不只是做一个幕僚。因此这首诗也体现了一种家国情怀。

何以见得其中体现了一种家国情怀呢？

请注意，他用了一个"济"字。"济"字的本义是渡河，引申为"接济""赈济""周济""救济""兼济天下"等意思。"兼济天下"就是出来做官，与"独善其身"是相对而言的。中国古代读书人的处世原则，就是"达则兼济天下，穷则独善其身"。而"兼济天下"，就是一种家国情怀。

"欲济无舟楫"，意思是说，我想出来做官，但是没有人引荐，就像一个人想渡河，但是没有船和桨一样。我生活在这样一个"圣明"的时代，却不能在政治上有一番作为，只是隐居、赋闲，这让我感到惭愧和羞耻。可是有什么办法呢？我只能羡慕那些有背景、有能耐的人，就像一个人想钓鱼而没有钓钩，只能羡慕那些有钓钩并且能够钓到大鱼的人。

孟浩然本来就是一个热心为他人排忧解难的人，又生活在一个有作为的时代，他想出来做官，这是可信的，也是好事，应该得到肯定。

不过话说回来，孟浩然毕竟是个"灌蔬艺竹"的隐士，隐士要出来

做官，就像尼姑要还俗嫁人一样，多少还是有点不好意思的，所以他的话就说得比较含蓄，不是那么直白。

有人认为，同样是登岳阳楼，同样是观赏洞庭湖，杜甫所想的是国家的命运，孟浩然所想的是个人的前途，因此孟诗的思想境界没有杜诗高。

我认为，这种评价有点简单化。评价这两首诗，要注意两位诗人登楼时的不同背景。孟浩然登岳阳楼的时候，正是盛唐时期，国家正处于上升阶段，读书人都希望通过为国家效力而实现自己的价值。孟浩然讲"欲济无舟楫，端居耻圣明"，不正是希望为国家效力吗？杜甫登岳阳楼的时候，已经不是盛唐了，而是中唐了，国家正处在动乱时期，他自己年纪也老大了，又一身是病。既老且病，又流离失所，除了为国家的命运担忧，他还有什么条件去为国家效力呢？

什么是家国情怀？就是对家庭、对家乡、对国家的一种热爱，一种责任感。这种热爱和责任感，既可以体现为修身、齐家、治国、平天下的情怀，也就是兼济天下的情怀，也可以体现为关爱家人、关心家乡、心忧天下的情怀。孟浩然的兼济天下的情怀，与杜甫的心忧天下的情怀，原是一个问题的两面，它们在本质上是相通的。

万家忧乐到心头

岳阳楼下

说到岳阳楼,我们很自然地就会想到范仲淹,想到他的《岳阳楼记》。在岳阳楼的一楼正厅,悬挂着这样一副对联:

> 四面湖山归眼底
> 万家忧乐到心头

这"忧乐"二字,就来自范仲淹的《岳阳楼记》:

> 先天下之忧而忧,
> 后天下之乐而乐。

所谓"忧乐",就是"先忧后乐"。事实上,范仲淹的家国情怀,就是这种"先忧后乐"的情怀。岳阳楼上几乎所有的诗、赋、楹联,都与"先忧后乐"的情怀有关;整个岳阳楼几乎都被这种"先忧后乐"的情怀所充盈。

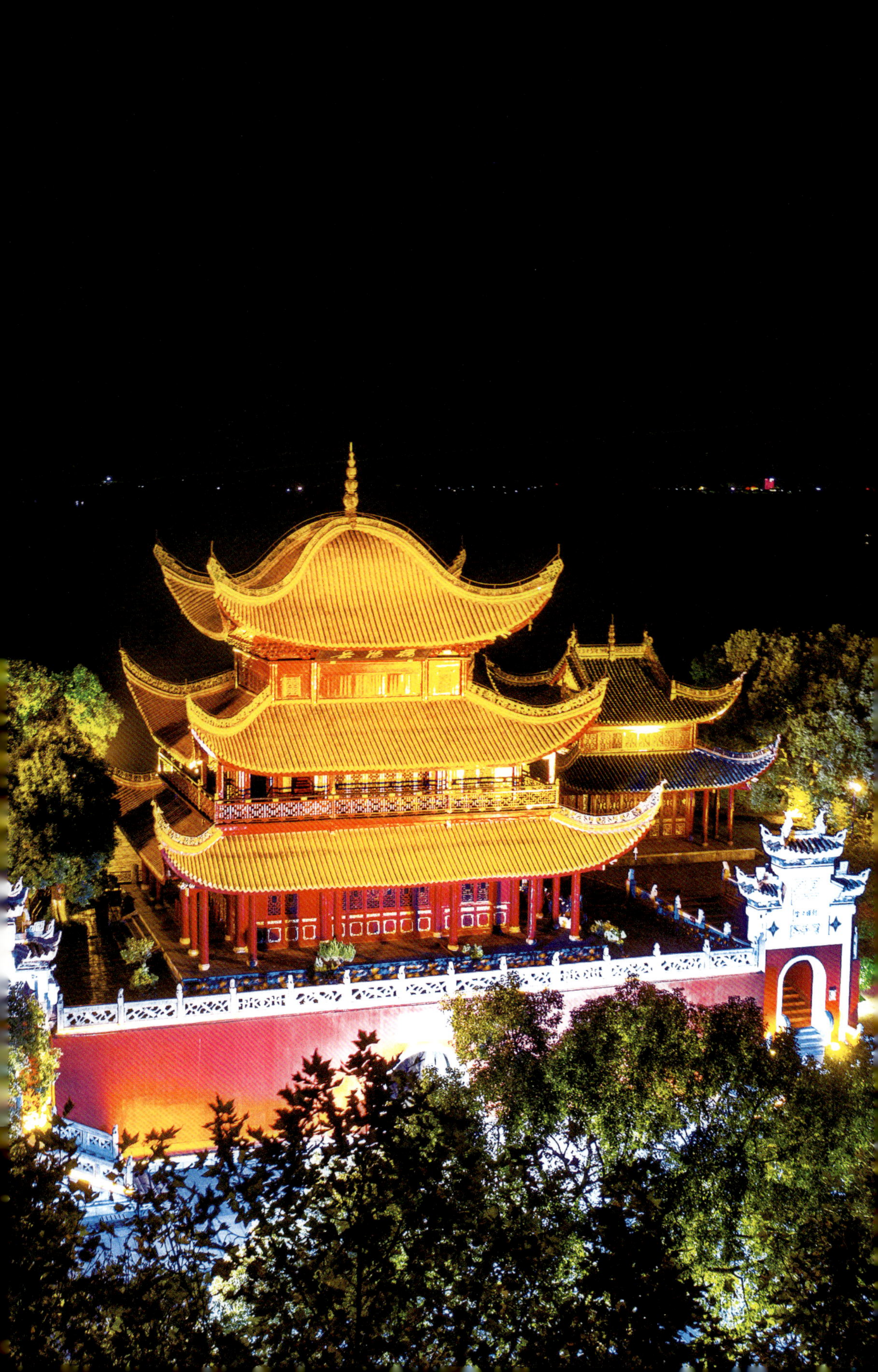

不在现场的写作

《岳阳楼记》开头写道：

> 庆历四年春，滕子京谪守巴陵郡。越明年，政通人和，百废俱兴，乃重修岳阳楼，增其旧制，刻唐贤今人诗赋于其上，嘱予作文以记之。

巴陵郡就是今天的岳阳，两晋南北朝时叫巴陵郡，唐宋时叫岳州。滕子京就是滕宗谅，他贬岳州知州是在宋仁宗庆历四年（1044），重修岳阳楼在庆历五年（1045），范仲淹作《岳阳楼记》在庆历六年（1046）。

据史料记载，庆历五年正月，范仲淹罢参知政事（副宰相），以资政殿学士知邠州（今陕西彬县一带），兼陕西四路缘边安抚使。十一月，罢陕西四路缘边安抚使，改知邓州（傅璇琮主编《宋才子传笺证·词人传》）。庆历六年九月十五日，作《岳阳楼记》。

范仲淹写作《岳阳楼记》的时候，他本人并不在岳阳，不在景观现场。他在哪呢？在邓州，今河南省南阳市。有人甚至说，他一生根本就没有登过岳阳楼，也没有见过洞庭湖。

人不在岳阳楼现场，甚至从来就没有登过岳阳楼，也没有见过洞庭湖，却可以写出脍炙人口的《岳阳楼记》，可以把洞庭湖写得有声有色。凭什么呢？仅仅是凭他的才华和灵感吗？

就文学创作来讲，作家的才华和灵感固然

◎岳阳楼内木雕范仲淹《岳阳楼记》

很重要，但是，仅仅有才华和灵感还是不够的，还必须具备相应的生活经历、人文情怀和精神境界。

　　我认为，范仲淹没有登过岳阳楼却可以写出脍炙人口、名传千古的《岳阳楼记》，除了他作为文学家的才华和灵感，还有以下三个很重要的个人条件：一是特殊的生活经历；二是"古仁人之心"；三是"以天下为己任"的境界。

特殊的生活经历

"洞庭天下水，岳阳天下楼"。岳阳楼是和洞庭湖紧密联系在一起的，没有洞庭湖，就没有岳阳楼。当年，三国东吴大将鲁肃建"阅军楼"，也就是最早的岳阳楼，目的就是检阅和指挥洞庭湖上的水军操练。隋唐以后，随着国家的统一，这座楼的军事功能不复存在，它成了一座纯粹的观景楼。观什么景？不就是洞庭湖吗？也就是说，隋唐以后的岳阳楼，就是为了观洞庭湖之景而存在的一座楼。由于岳阳楼的这个性质或功能，因此写作《岳阳楼记》这样的文章，必须熟悉洞庭湖。这是一个最基本的条件。

如果真像某些人所说的那样，范仲淹既没登过岳阳楼，也没见过洞庭湖，完全是凭自己的想象和才华写出的《岳阳楼记》，这是很难令人信服的。

我认为，范仲淹也许真的没有登过岳阳楼，但不一定没有见过洞庭湖，至少是见过并且熟悉与洞庭湖类似的湖。我的依据有两点：

第一，范仲淹是跟着他的继父朱文翰长大的。朱文翰对范仲淹是很爱护的，他去哪里做官，就把年幼的范仲淹带到哪里。而朱文翰就曾经在澧州安乡县（今湖南省安乡县）做过官。安乡县在哪里？不就在洞庭湖的西边吗？从中国历史地图上看，宋代的安乡县是紧挨着洞庭湖的。因此我认为，年幼时的范仲淹是见过洞庭湖的。

　　第二，范仲淹的老家在苏州吴县（今江苏省苏州市吴中区），吴县在哪里？不就在太湖之滨吗？虽然范仲淹不是在吴县出生的，也不是在吴县长大的，但是他的家族在吴县，他的亲生父亲范墉去世之后，就埋葬在吴县天平山的祖茔里。他晚年还在吴县建了一个"义庄"，用来资助家族的穷人。由于这些原因，他是要经常回吴县老家的。回吴县，就可以看到太湖。更重要的是，宋仁宗景祐元年（1034），也就是在他写作《岳阳楼记》之前12年，他还做过苏州知州。在做苏州知州的时候，他做了一件很重要的事情，就是主持苏州的水利建设，疏浚苏州的五条河流，同时对太湖进行治理。由于这些原因，他对太湖是很熟悉的。

　　太湖是长江下游的一个淡水湖，洞庭湖是长江中游的一个淡水湖，它们是有许多共同点的。我们看看他的《岳阳楼记》对洞庭湖景色的描写：

◎洞庭湖

予观夫巴陵胜状，在洞庭一湖。衔远山，吞长江，浩浩汤汤，横无际涯，朝晖夕阴，气象万千。此则岳阳楼之大观也。

　　这是总体上描写洞庭湖的景色。洞庭湖有两个突出特点：一是大，所谓"浩浩汤汤，横无际涯"；二是富于变化，所谓"朝晖夕阴，气象

◎洞庭湖

万千"。再往下看：

> 若夫霪雨霏霏，连月不开，阴风怒号，浊浪排空，日星隐曜，山岳潜形，商旅不行，樯倾楫摧，薄暮冥冥，虎啸猿啼。登斯楼也，则有去国怀乡，忧谗畏讥，满目萧然，感极而悲者矣。

这是写雨季的洞庭湖，所谓"阴风怒号，浊浪排空"，日月星辰与山岳都不见了，眼前所见到的是侧翻了的船，折断了的桨，所听到的则是虎的咆哮，猿的哀鸣，很恐怖。这种恐怖的景象，很容易让人联想到自己所蒙受的打击和不幸，联想到自己背井离乡的处境，心情悲凉。再往下看：

> 至若春和景明，波澜不惊，上下天光，一碧万顷，沙鸥翔集，锦鳞游泳，岸芷汀兰，郁郁青青。而或长烟一空，皓月千里，浮光跃金，静影沉璧，渔歌互答，此乐何极。登斯楼也，则有心旷神怡，宠辱偕忘，把酒临风，其喜洋洋者矣。

这是写晴天的洞庭湖。白天是"上下天光，一碧万顷"，沙鸥在湖上飞翔聚集，美丽的鱼儿在水中畅游。湖四周的山峦、原野都"郁郁青青"。晚上是"长烟一空，皓月千里"，湖面上波光闪烁，渔歌阵阵。看到这种生机勃勃的祥和的景象，则令人心旷神怡，临风把酒，什么得失、荣辱都不放在心上了。

这三段文字不仅生动地描写了洞庭湖波澜壮阔、气象万千的景色，而且还写出了洞庭湖在不同时间段的不同特点，以及观景之人的不同感受和表现。那么，这些景色与太湖有没有某些相似之处呢？应该说，还是有几分相似的。

因此，可以肯定地说，范仲淹对洞庭湖景色及其特点的生动描写，既来自他少年时期对洞庭湖的第一印象，也来自他对家乡太湖的细致观察。如果没有这两段特殊的生活经历，仅仅靠他的才华和想象，是很难把洞庭湖的景色写得这么生动的。

范仲淹在《岳阳楼记》的结尾部分写道:

> 嗟夫!予尝求古仁人之心,或异二者之为,何哉?不以物喜,不以己悲。居庙堂之高,则忧其民;处江湖之远,则忧其君。是进亦忧,退亦忧。然则何时而乐耶?其必曰:先天下之忧而忧,后天下之乐而乐。
>
> 噫,微斯人,吾谁与归?

古仁人之心

什么是"古仁人之心"?所谓"古仁人之心",也就是"先忧后乐"之心。"先天下之忧而忧,后天下之乐而乐"这两句话,乃是千古名句,几乎人人都能讲,但是普天之下,古往今来,又有几人能够做到?孔子做到了吗?孟子做到了吗?孔子、孟子有没有做到,我不敢肯定;我敢肯定的是,范仲淹做到了。

范仲淹一生都在用他的行动实践这两句话。这两句话在他那里,不是一个口号,更不是一种标榜,而是一种生命体验。

为什么说是一种生命体验呢?要想回答这个问题,还得从他的身世和生平说起。

我前面讲过,范仲淹的老家在苏州吴县,但他本人并非出生在吴县,而是在徐州。他的父亲范墉当时在徐州任武宁军节度掌书记,他就出生在父亲工作的官署内。

范仲淹两岁的时候,父亲因病去世,留下

他和两个哥哥。当时他大哥才六岁,二哥四岁。他母亲无依无靠,没有能力养活三个孩子。怎么办呢?只有再嫁。在宋代,寡妇再嫁是被允许的。他母亲再嫁的这个人叫朱文翰,淄州长山(今山东邹平)人。从此他就跟着继父姓朱,叫朱说。他参加进士考试的时候,就是用的"朱说"这个名字。

直到23岁的时候,范仲淹才知道自己的身世,知道自己原来并不姓朱,而是姓范;知道母亲之所以再嫁朱氏,是为了把他和两个哥哥抚养成人。于是感激得大哭了一场。哭过之后,他辞别母亲,去应天书院求学。

这个应天书院,就是后来的应天府书院,在今天的河南商丘,它是北宋最有影响的书院,也是中国古代四大书院之一。用今天的话来讲,它是中国古代最有名的高等学府。这个书院在宋代培养了两个著名的宰相:一个是晏殊,一个就是范仲淹。

在应天书院,范仲淹日夜苦读,五年没有解衣就寝,都是穿着衣服小睡一会儿,醒了就马上起来读书。平时读书读累了,就用凉水浇浇脸,清醒一下,接着再读。

他在读书期间的饮食是很差的,每天都是吃粥,整整吃了五年。同学中有一个官家子弟,见他天天吃粥,很是同情,提出把自己在公厨(公家食堂)的饭菜送给他,他谢绝了。他说:"我平时吃粥吃惯了,突然间享受美味佳肴,以后再吃粥时怎么吃得下去呢?"

事实上,范仲淹早年在淄州长山县的一间寺庙读书时,也是每天吃粥的。他每天煮上一小锅粥,然后分为四份,早晚各取两份,撒上一点盐,或者拌一点咸菜。(脱脱等撰《宋史·范仲淹传》)

古代的读书人在发达之前,由于贫穷而吃粥咽菜的并不只他这一个。例如北宋就有一个很有名的人,叫宋祁,安陆人。他是一位史学家,也是一位词人。《新唐书》就是他和欧阳修共同撰写的,"红杏枝头

◎应天府书院

春意闹"这一句脍炙人口的词就是出自他之手。他比范仲淹小九岁。他年轻的时候，曾经和哥哥宋庠在一个寺庙里读书，由于贫穷，也曾吃粥咽菜。后来他中了进士，做了大官，就极尽奢华。家里歌儿舞女成群，他常常是点着华灯，搂着美女喝酒，不醉不休。即便是晚上编撰《新唐书》，他也是让美女站在左右两边，为他掌灯、研墨，所谓"珠围翠绕"。他这样奢华，连他的哥哥宋庠都看不下去了。宋庠托人传话说："你在家里'烧灯夜宴，穷极奢侈'，你可曾记得我们当年吃粥咽菜的日子？"宋祁回答说："我当然记得。不过我要问你，我们当年吃粥咽菜，究竟是为了什么？不就是为了今天的享受吗？"[丁传靖辑《宋人轶事汇编》（上册）]

所以说，年轻的时候，未发达的时候，吃点苦不算什么，问题是发达之后的表现。有的人年轻的时候受了穷，吃了苦，后来发达了，做了官,就狠狠地捞一把,享受一把,就像股市经过一段时间的低迷之后,就来一个报复性的反弹。

范仲淹绝对不是这样的人。他从来没有忘本,他是有"古仁人之心"的。他的"古仁人之心",首先表现为感恩之心与同情之心。

28岁的时候,范仲淹中了进士,做了官,就把母亲接回来,由他自己来赡养。又给皇帝上书,要求恢复范姓,改名范仲淹。他的官越做越大,一直做到参知政事(副宰相),但是他的家庭生活水平并没有因此而步步高,而是一直都很清贫,甚至很寒酸。寒酸到什么程度呢?寒酸到几个孩子连两件像样的衣服都没有。钱都去哪了?《宋史·范仲淹传》记载:

> 尝推其奉以食四方游士,诸子至易衣而出,仲淹晏如也。

原来他把自己的俸禄拿去资助那些从全国各地来的读书人了,以至于让自己的孩子"易衣而出"。什么叫"易衣而出"?就是孩子们只有一件像样一点的衣服,谁外出谁就穿上它,回到家就脱下来。

孩子们都穷到这个份上了,范仲淹却一点也不在意。所谓"晏如也",就是安然自乐的意思,就像孔子的弟子颜回那样,"人不堪其忧,回也不改其乐"。

61岁的时候,范仲淹攒下了一点钱,就在自己的家乡苏州建了一个"义庄"。所谓"义庄",就是由他出钱,在吴县和长洲县买下10多顷良田,然后把这些良田拿去出租,所得租米,用来供养范氏家族各房的穷人,包括支付他们的婚嫁丧葬之费用。

需要强调的是,范仲淹对朱家的人也是很照顾的。除了在经济上接济他们,他还规定,范、朱两家的女人,如果死了丈夫,都可以再嫁。再嫁的时候,他都要送一份嫁妆。

由此可见,范仲淹对母亲的再嫁,不仅是理解的,而且心存感激。

如果母亲不再嫁,他们三兄弟说不定早就饿死了。

范仲淹没有忘本。无论是对母亲,还是对继父,他都怀着感恩之心。无论是对范家的人,还是对朱家的人,无论是对四方游学之士,还是对家乡父老,他都怀着同情之心。

感恩之心,是对帮助过自己的人而言;同情之心,是对需要自己帮助的人而言。感恩之心与同情之心是相辅相成的。有感恩之心者必有同情之心,有同情之心者必有感恩之心。《宋史·范仲淹传》说他:

> 非宾客不重肉。妻子衣服,仅能自充。而好施予,置义庄里中,以赡族人。……死之日,四方闻者,皆为叹息。……羌酋数百人,哭之如父,斋三日而去。

正因为他一直怀着感恩之心与同情之心,一直都在帮助那些需要帮助的人,一直都把别人的困难放在前边,把自己的享受放在后边,他才能说出"先天下之忧而忧,后天下之乐而乐"这两句话,而且说出来才有人信。像宋祁那样的人是说不出这样的话的,即便说了,也是空话、大话、套话,没人信的。

因此我认为,"先天下之忧而忧,后天下之乐而乐"这两句话,既是范仲淹一生为人处世的一个总结,更是他的一种生命体验。

以天下为己任

　　范仲淹不仅富有感恩之心与同情之心，更有一种"以天下为己任"的人生境界。也就是说，他不仅能够为自己身边的人着想，更能为天下人着想；不仅能想到自己身边人的忧乐，更能想到天下人的忧乐。这就是一种最高层次的家国情怀。

　　我们知道，宋代是一个在经济上、教育上、科技上、文化上高度发达的朝代，也是一个在军事上非常弱势的朝代。宋代的军事威胁主要来自北方的游牧民族。而在范仲淹生活的时代，

◎岳阳楼夜景

则主要来自西夏。

范仲淹是北宋著名的政治家、文学家，也是一位著名的军事家。他曾经在西北带兵多年。他治军严明，熟悉地理环境，又能与另一位军事家韩琦齐心协力，因而为抗击西夏的侵略、保卫西北边境的安全做出了重要贡献。当时西北一带流行这样一首歌谣：

军中有一韩，西贼闻之心骨寒；
军中有一范，西贼闻之惊破胆。

范仲淹还是一位著名的改革家。他一生为官，主要是做地方官，包括在西北带兵，真正做京官的时间不多，真正做参知政事（副宰相）的时间只有一年半。但是，就是在这一年半的时间内，他锐意推出了"庆历新政"，对吏治、科举、农业、赋税、军事等进行全方位的改革。

《宋史·范仲淹传》记载：

> 仲淹以天下为己任，裁削幸滥，考核官吏，日夜谋虑兴致太平。

这次改革是有成效的。虽然由于步子快了一点、规模大了一点，由于得罪了既得利益集团而不得不半途而废，但是却为后来王安石主持的更大规模的改革奠定了基础，积累了经验。

由此我们不难看出，"先天下之忧而忧，后天下之乐而乐"，既是一种感恩之心与同情之心，更是一种责任、一种担当、一种境界。

可能有人会认为，"先忧后乐"，太高大上了，只有范仲淹这样的人才能做到，我们是普通人，我们做不到。事实上，"先忧后乐"有两种境界：一种境界是怀有同情之心，一种境界是以天下为己任。以天下为己任，普通人不容易做到；但是怀有同情之心，同情弱者，帮助弱者，普通人是可以做到的。

正是由于特殊的生活经历、"古仁人之心"和"以天下为己任"这三个重要条件，再加上自己的文学才华和灵感，范仲淹才能写出《岳阳楼记》这篇文章。

正是由于《岳阳楼记》进一步扩大了岳阳楼的影响，岳阳楼才能成为"江南三大名楼"之一。

滕王阁

登高作赋滕王阁

南昌滕王阁

滕王阁位于南昌市沿江路赣江东岸，钢筋混凝土仿木结构，面阔三间，进深三间，六层，高达57.5米。

公元675年的重阳节这一天，有一位25岁的年轻人登上南昌滕王阁，写下了一篇传诵千古的文学佳作《滕王阁序》，成为古往今来重阳节登高作赋的一个经典个案。

这位年轻人就是唐代著名诗人，"初唐四杰"之一的王勃。

1300多年来，人们说到南昌，就会想到滕王阁；说到滕王阁，就会想到王勃的《滕王阁序》。

滕王阁是与王勃的《滕王阁序》互为存在的：没有滕王阁，就没有王勃的《滕王阁序》；没有王勃的《滕王阁序》，就没有名扬四海的滕王阁。

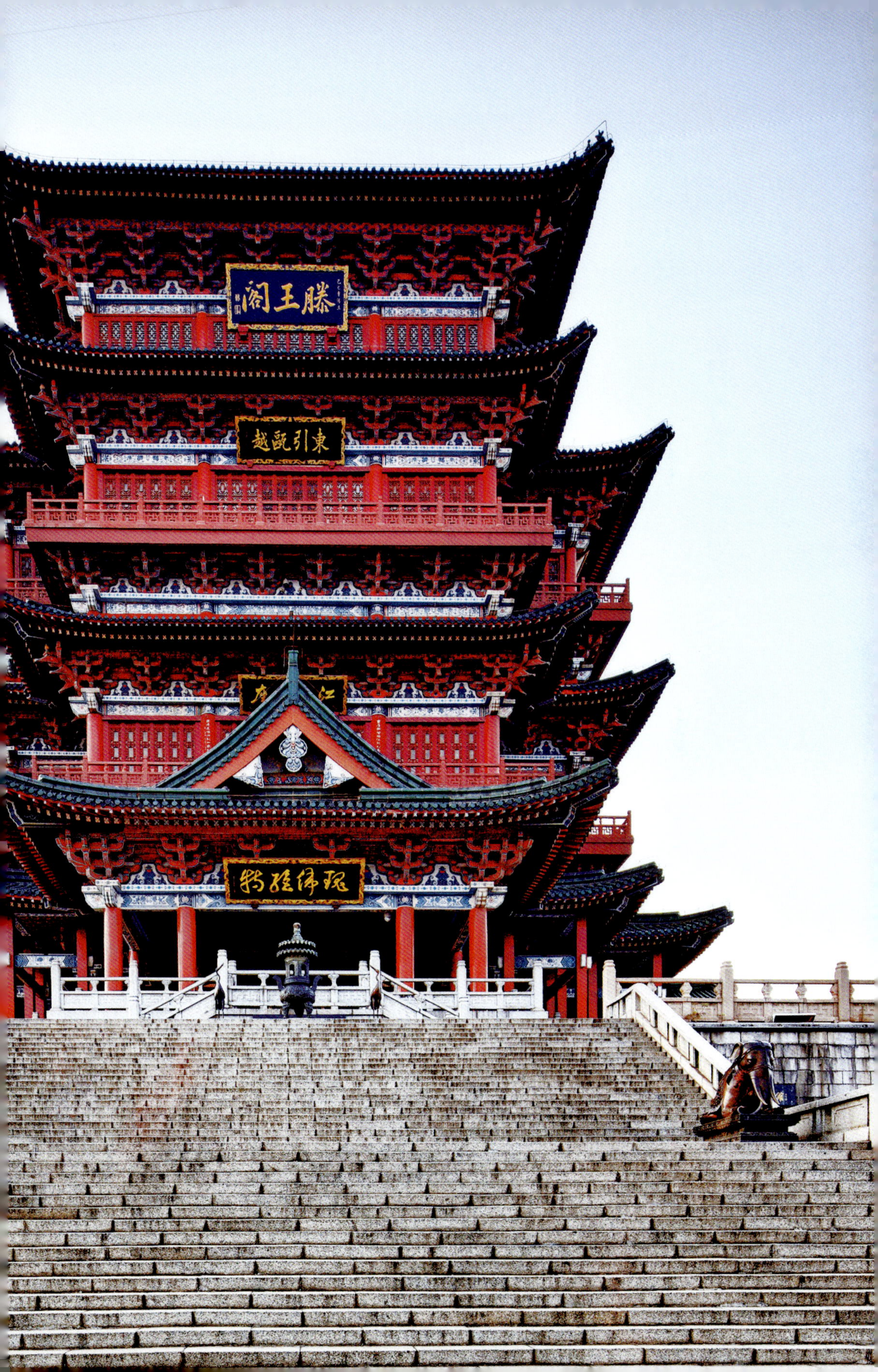
滕王閣
東引甌越

家君作宰，路出名区

王勃（650—676），字子安，绛州龙门（今山西河津）人。他的祖父王通是隋末唐初的大学者，人称"文中子"。出身于这样的文化名门，王勃的遗传基因应该是很好的。

事实上，王勃不仅遗传基因很好，他的早期教育也很好。他出生时，虽然祖父王通已经不在世了，但是，他的父亲王福畤也是一位有才学的人，他对儿子的教育是很有成效的。王福畤的长子王勔、次子王勮、三子王勃都很有才学，人称"王氏三株树"。

王勃六岁就会写文章。九岁的时候，就能研读当代大学者颜师古的名著《汉书注》，并能发现其中的瑕疵，还专门为此写了一本书，叫《指瑕》。

王勃被人们誉为"神童"。宰相刘祥道在绛州龙门一带考察时，发现了这个"神童"，就向朝廷推荐，让他参加"幽素科"考试。"幽素科"是唐代科举考试中的一个门类，它的地位相当于"进士科"。王勃一举登第，被授予"朝散郎"的官职，从七品。时年16岁。

17岁时，王勃担任沛王府侍读。沛王就是李贤，他是唐高宗第六子，后来做过太子，也就是历史上很有名的章怀太子。沛王的学问也很好，著有《后汉书注》。王勃被选为沛王府侍读，可见他的学问是得到沛王的高度认可的。这当然是一种荣誉，但是他的坎坷命运也从此开始。

那时候，王子们喜欢玩一种游戏：斗鸡。斗鸡的场面是很激烈的。两只性情凶猛的公鸡斗得难分难解，两眼充血，观看的人就觉得很刺激。有一次，沛王和英王举行斗鸡比赛，为了助兴，王勃写了一篇战斗檄文，名叫《檄英王鸡文》。这个英王，也有人说是周王，如果是周王，那就是后来的唐中宗。

斗鸡也好，写战斗檄文也好，都不过是一种游戏，玩一玩而已。但是这件事情被唐高宗知道了，他说王勃写《檄英王鸡文》，是要挑起王子之间的争斗，于是大发雷霆之怒，把王勃赶出了王府。这一年，他才19岁。

据王勃的朋友杨炯（"初唐四杰"之一）讲，王勃被赶出王府，是因为才学出众，遭到同僚的嫉妒，于是就有人在唐高宗面前告了他的状。（杨炯《王子安集序》）

五年之后，王勃再次参加官员选拔考试，被录取，任虢州参军。虢州在今河南灵宝一带，参军是刺史的辅佐，从九品。

王勃由从七品的京官成为一个从九品的地方官，降了两级，反差有点大。加上虢州的那些同僚和沛王、英王那些王子相比，学问和见识都差了一大截，这个反差也不小。于是王勃就在言谈举止之间，有意无意地流露了某些看不起同僚的意思，这样就得罪了同僚。

于是就有人设计陷害王勃。他们买通一个犯了死罪的官奴，让他做了王勃的仆人。王勃之前一点都不知情，后来得知他的来历，担心落下一个窝藏罪犯的罪名，就把他杀了。

官奴纵然犯有死罪，也轮不到你来杀他呀！按照唐代的法律，王勃是要掉脑袋的。幸好遇上皇帝颁旨大赦天下，王勃在被赦免之列。但也只是赦免了他的死罪，处分还是少不了的：开除公职。这一年，王勃才24岁。

王勃不仅丢了官职，还连累了他的父亲王福畤，由雍州司功参军贬为交趾县令。交趾在今越南河内以北，离长安6400多里。（李吉甫《元和郡县图志·岭南道五》）

唐高宗上元二年（675）八月，王勃陪同父亲去交趾。据考证，他们去交趾，是从洛阳出发的。唐代从洛阳到交趾，必须经过南昌，然后走章江水路到赣州，再翻越梅岭到广州，再由广州坐海船到交趾。

八月二十九日，王勃到达浔阳（今江西九江）；九月初至南昌，寓其叔祖王承烈处（傅璇琮主编《唐才子传校笺·王勃》）。《滕王阁序》里有这样两句：

家君作宰，路出名区。

宰，就是县宰，县令。名区，就是知名的地方。这两句的意思是：由于父亲任交趾县令，我陪同父亲前往，因此就来到了知名的南昌。

王勃就是这样来到南昌的。如果不是陪同父亲去交趾，他就不会途经南昌。不途经南昌，怎么会受到阎伯屿的邀请出席滕王阁酒会呢？

王勃《滕王阁序》写道：

萍水相逢，尽是他乡之客。

萍水相逢，身处他乡，确实会让人感到陌生，甚至感到孤独，相信大家都不缺乏这一方面的感受。但是，有时也会有意想不到的机遇，或者说是意想不到的成功。王勃的南昌之行正是如此。

九月九日，重阳节。驻守南昌的洪州都督阎伯屿要在滕王阁上举行一个酒会，为一位重要的朋友饯行。

这个酒会不同于一般的酒会，它的规格是很高的，规模也是很大的，用王勃《滕王阁序》的话来讲，就是"胜友如云""高朋满座""宾主尽东南之美"，几乎整个东南地区的社会文化名流都到了。这个酒会实际上是一个"诗酒之会"，以诗会友，因此也可以称为"滕王阁诗会"。

由于王勃是著名诗人，又刚好在南昌，因此就受到了阎伯屿的邀请。

我们不妨设想一下，如果这个诗会不是在南昌举行，而是在虢州举行，或是在长安、洛阳举行，以王勃这样一个杀过人、继而被开除公职的人，有可能被邀请吗？恐怕很难说。

但是，在异地他乡的南昌，他被邀请了。也许阎伯屿并不知道王勃杀人和被开除公职的

事，也许知道，但不介意。这就是异地他乡的积极意义。

按照古代"诗酒之会"的规矩，凡是与会之人都要写诗，写不出来就要罚酒。大家写完诗之后，再请一个有名望的人写一篇诗序。例如西晋时，诗人石崇在洛阳组织了一个"金谷园诗会"，与会之人都写诗，然后再由他来写一篇《金谷园诗序》。东晋时，著名书法家王羲之参加过一个"兰亭诗会"，与会之人绝大多数都写了诗，写完之后，他又应邀写了一篇《兰亭集序》。这两个序都写得很好，都是名作，尤其是《兰亭集序》，成了文学史上的一个经典之作。

在南昌的这个"滕王阁诗会"上，许多人都写了诗。王勃也写了一首诗，诗名就叫《滕王阁》：

> 滕王高阁临江渚，佩玉鸣鸾罢歌舞。
> 画栋朝飞南浦云，珠帘暮卷西山雨。
> 闲云潭影日悠悠，物换星移几度秋。
> 阁中帝子今何在？槛外长江空自流。

这首诗写得很好，是唐诗中的名篇佳作，许多有影响的唐诗选本都曾选过它。

大家的诗也都写出来了，由谁来作序呢？这就是一个很值得关注的问题了。

当时出席这个诗会的人员中，有一个是洪州都督阎伯屿的女婿，姓孟，人称"孟学士"。王勃的《滕王阁序》中有这样两句："腾蛟起凤，孟学士之词宗。"可见这个孟学士也是颇有文采的人，不是打酱油的。东道主阎伯屿为了让自己的女婿出名，在头一天晚上，就让孟学士把序写好了。

这当然是有些以权谋私了。不过这阎伯屿是个很老到的人，他担心会有人说他以权谋私，因此就安排他的手下装模作样地遍请在场的人写

◎滕王阁

序,但是那些人心里都有数,都知道阎伯屿是在做样子,所以都推辞不写。后来请到王勃。王勃年轻,没有城府,也有可能真的不知道阎伯屿已经让自己的女婿把序写好了。人家叫他写,他就没有推辞。

王勃答应写序,阎都督就很不高兴了,当时就拉下脸来,拂袖而去。但是去了又不甘心,让手下人盯着,看王勃如何下笔,他自己就坐在隔壁一间屋子里听汇报。于是这个手下人就来来回回地通风报信。

第一次汇报说:王勃写下了"豫章故郡,洪都新府"。阎都督听到后,很不以为然地说:"这算什么?也不过是老生常谈嘛!"

为什么说是老生常谈呢?因为南昌在汉代是豫章郡的郡治所在地,在唐代是洪州都督府的府治所在地,本来就是"豫章故郡,洪都新府",这是常识,谁不知道啊?由于这两句只是写历史沿革,没有什么新颖独到之处,所以阎公说这是老生常谈。

第二次汇报说：王勃写下了"星分翼轸，地接衡庐"。阎都督听到这两句，一下子就沉默不语了。

为什么沉默不语了呢？因为这两句涉及分野了，涉及天文地理了，涉及专门学问了，而且写得还很有气势，这就不是老生常谈了，所以阎公就沉默不语了。

第三次汇报说：王勃写下了"落霞与孤鹜齐飞，秋水共长天一色"。阎公听到这两句，当即就震撼了！多好的句子啊！王勃居然写出了这么好的句子！阎公激动地站起来，高声说道："此人名不虚传，真是天才！他这篇序，定会名垂千古！"说完就从那间屋子里出来，回到现场，看着王勃写完。等王勃写完，就请他到宴会厅，尽情尽兴，开怀畅饮！

这就是关于《滕王阁序》的一段佳话。

这段佳话最早出自王定保的《唐摭言》这本书，后来又被《新唐书》等官修史书和《唐才子传》等权威著作转述，因此传播得非常广。王定保是晚唐五代人，又是南昌本地人，他的这个记载可能是来自南昌地方文献，或是南昌当地人的口述，应该是可信的。

《滕王阁序》写道：

> 临别赠言，幸承恩于伟饯；登高作赋，是所望于群公。

作为重阳节"登高作赋"的一篇经典之作，《滕王阁序》究竟写了些什么呢？或者说，它的主要成就体现在哪里呢？

过去的读者都很欣赏它的写景。一提起《滕王阁序》，就讲"落霞与孤鹜齐飞，秋水共长天一色"这两句。我认为，《滕王阁序》的写景确实很精彩，但是这个作品的成就并不仅仅在写景，而是通过写景，表达了作者的丰富而深沉的思想情感。

让我们一起来欣赏一下这段写景文字：

> 云销雨霁，彩彻区明。落霞与孤鹜齐飞，秋水共长天一色。渔舟唱晚，响穷彭蠡之滨；雁阵惊寒，声断衡阳之浦。

"彭蠡"，就是鄱阳湖，鄱阳湖古称彭蠡湖。这一段文字，确实非常生动地写出了鄱阳湖的景色，而且是秋天的景色，傍晚的景色，既有地域特点，又有时令特点。也就是说，这一段写景文字，不仅生动，富有文采，更富有个性。这样的写景文字确实是不可多见的。但是，这一段文字并不仅仅是写景，它包含了很丰富、很深沉的内容。

穷且益坚，不坠青云之志

©鄱阳湖秋色

  请注意这几个景物：秋水、落霞、孤鹜、雁阵、渔舟。"秋水"，这是秋天的景物，秋天意味着一年的好时光即将过去；"落霞"，这是傍晚的景物，傍晚意味着一天的好时光即将过去；"孤鹜"，是指单飞的野鸭，也就是失群的野鸭；"雁阵"，是指成群的大雁。野鸭在飞，大雁也在飞，意味着鸟类在寻找归宿；"渔舟唱晚"，意味着渔民在寻找归宿。

  在秋天的鄱阳湖的傍晚，无论是野鸭、大雁，还是渔民，都在寻找归宿，都在寻找他们的家。可是，作者自己的家又在哪里呢？这就触发了他的乡愁，让他想到了自己的处境和命运：

  关山难越，谁悲失路之人？萍水相逢，尽是他乡之客。

  谁是"失路之人"？当然是指他，还有因他而受连累的父亲。

  作者两次遭受打击陷害，先是被赶出王府，后来是被除名。尤其是第二次，还连累了自己的父亲。所以他说自己是一个"失路之人"，一

个在仕途上很失落、很失败、很迷茫的人。如今来到异地他乡，虽然遇到这么多的社会文化名流，大家济济一堂，可是他们并不了解自己，毕竟是萍水相逢嘛，他们哪里知道自己的委屈，哪里知道自己的悲伤？

所以说，《滕王阁序》的写景文字不是单纯的写景，它是通过写景，写出了作者的失意、作者的乡愁、作者的人生感慨。这种失意、乡愁、感慨，是很能引起人们的同情的。

难能可贵的是，作者虽然有浓重的失意、乡愁和人生感慨，但是并没有因此而消极起来。他在后文写道：

老当益壮，宁移白首之心？穷且益坚，不坠青云之志。

许多前辈虽然老了，尚且老当益壮，所谓"老骥伏枥，志在千里；烈士暮年，壮心不已"；我还这么年轻，我怎么能够因为遭受一些打击，就消沉下去呢？我虽然处在坎坷之中，但是并非穷途末路。我要更坚强，更执着，我不能放弃自己的理想和追求，不能坠落了"青云之志"。

这样写就很阳光了，就很励志了。既符合人们对于一个受到挫折的青年诗人的期待，也符合初唐这个时代的特征。初唐是一个积极向上的时代。因为积极向上，才有后来的盛唐，才有"开元盛世"。王勃的这个作品虽然有乡愁，有悲伤，但是从整体上看，还是一个积极向上的作品。

《滕王阁序》这篇传世名作，是天才作家王勃在重阳节这一天，在南昌滕王阁上写成的。重阳节是我国的传统节日，古代文人学士在这一天，有一项很重要、很风雅的活动，这就是"登高作赋"。孔子云："君子登高必赋。"《汉书·艺文志》亦云："登高能赋，可以为大夫。"而所谓"登高作赋"，就是登上高楼，或是山顶，思乡怀人，抒情言志。王勃这篇登高作赋的传世名作，对于扩大滕王阁的影响，无疑起到了至关重要的作用。

伤今怀古话滕王

阆中滕王阁

在中国曾经有过三个滕王阁,一个在山东滕州,一个在江西南昌,一个在四川阆中。

这三个滕王阁,最初都是同一个人建的。这个人就是滕王李元婴。

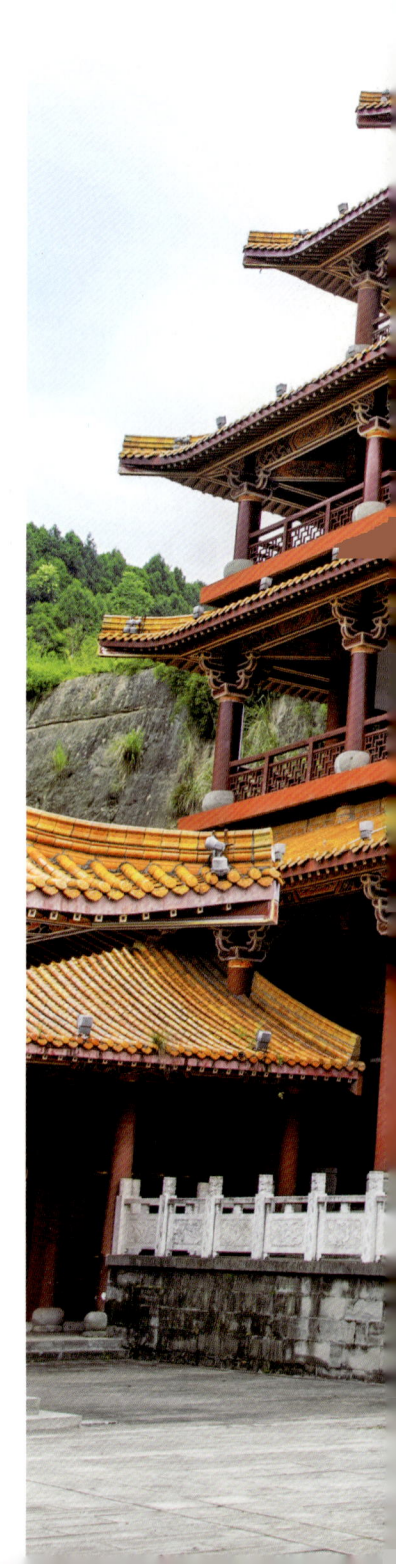

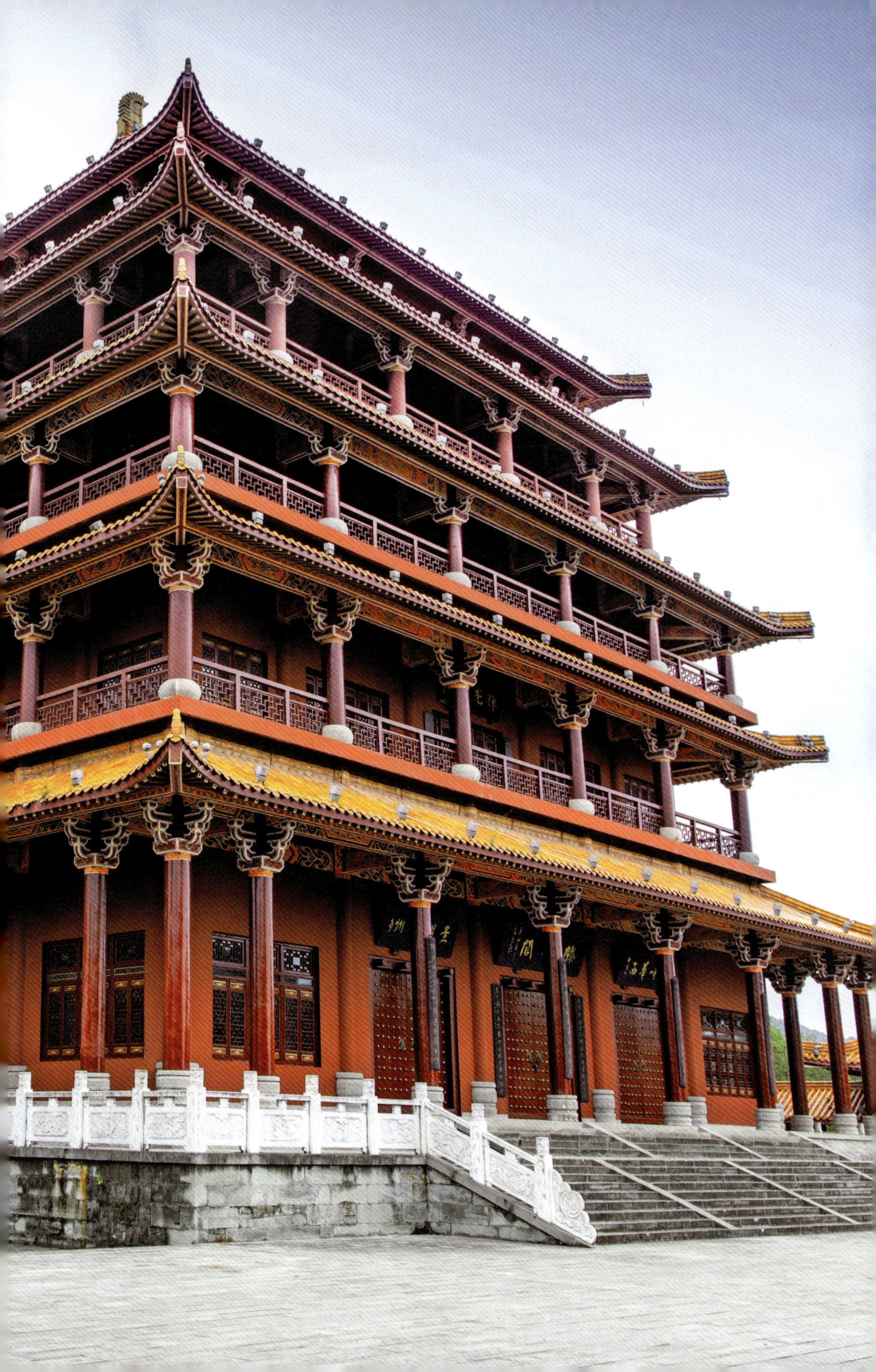

滕王三建滕王阁

李元婴是唐高祖李渊第二十二子，此人于唐太宗贞观十三年（639）封于滕县，称滕王。滕县，就是今山东省滕州市。这个地方原是周武王弟弟滕叔绣的封地，叫滕国，它的中心位置就在今滕州市西南七公里的古滕城。这个滕国出过两个很有名的滕文公，一个是春秋时的滕文公，一个是战国时的滕文公。后一个滕文公曾向孟子请教治国安民的问题。在《孟子》一书里，有《滕文公章句上》和《滕文公章句下》这两章。

李元婴在滕县时建过一个滕王阁，这就是历史上的第一个滕王阁：滕州滕王阁。这个滕王阁的位置，可能就在今滕州市西南七公里的古滕城。由于缺乏文献记载，也缺乏相应的考古发现，这个滕王阁的规模如何，特点如何，我们就不得而知了。

贞观十五年（641），李元婴调任金州（今陕西安康）刺史，实封八百户。贞观二十三年（649）加封千户。据史书记载，李元婴在金州的表现并不好，所谓"骄纵逸游，动作失度"。为此，他的侄儿高宗皇帝李治曾经给他写过一封信，对他加以诫勉。高宗在信中说："你在金州，骄奢放纵，不守规矩，本来是要处罚你的。朕念你是骨肉至亲，暂且不处罚你。'人之有过，贵在能改。'希望你能悔悟。"（刘昫等撰《旧唐书·滕王元婴传》）

高宗永徽三年（652），李元婴"迁苏州刺史"，不久转任洪州（治所在今江西南昌）都督。他在南昌的表现仍然不好，"数犯宪章"。高宗皇帝撤掉他的洪州都督职务，把他的随从人员减半，邑户也减半，"于滁州安置"。

李元婴在南昌，似乎只做过一件有意义的事，就是在赣江边上又建了一个滕王阁，这是历史上的第二个滕王阁：南昌滕王阁。这个滕王阁的具体位置，就在今南昌市章江门和广润门之间的滕王阁小学附近。

我们今天已经看不到唐代滕王阁的绘图了，但是宋代滕王阁的绘图可以供我们参考。因为宋代滕王阁就是按照唐代滕王阁的规模和特点重建的。

◎宋代南昌滕王阁

除了这张图，还有初唐诗人王勃的《滕王阁》这首诗、《滕王阁序》这篇文章，以及唐代其他作家的诗文作品可以供我们参考。通过这些诗文，我们得知唐代的滕王阁面对西山，下临赣江，不仅高大壮观，而且金碧辉煌，既有画栋雕梁，又有珠帘绣户。在滕王阁内，经常有音乐歌舞表演。出入滕王阁的人，多是贵族、官僚与文人学士。

高宗调露元年（679），李元婴复职，任寿州刺史，随即转隆州刺史。隆州后来改名为阆州，也就是今天的四川阆中。

他在隆州的表现还是不好，仍然我行我素，于是再一次受到处罚。这一次的处罚虽然不重，但是带有羞辱性质。高宗皇帝赏赐诸王，别的王得到的是500匹彩绸，滕王李元婴得到的却是一车麻。高宗皇帝说：

"滕王不缺彩绸,也不缺钱,只缺穿钱的麻绳。我给你一车麻,你正好拿去做麻绳,好穿钱。"(欧阳修、宋祁撰《新唐书·滕王元婴传》)

　　李元婴在隆州有没有做一点有意义的事情呢?应该说还是有的,这就是在嘉陵江畔的玉台山上建了一个玉台观,又在玉台观里建了一个亭子,取名为"滕王亭"。这个"滕王亭"在清代道光、咸丰以后,改称"滕王阁"。这就是历史上的第三个滕王阁:隆州(阆中)滕王阁。

◎今天的阆中滕王阁

滕王蛱蝶江都马

这里就有一个问题值得注意。滕王李元婴究竟是一个什么样的人？他为什么要三建滕王阁呢？

根据《旧唐书》《新唐书》等官修史书的记载，滕王是一个纨绔子弟，声色犬马，骄奢放纵，在政治上乏善可陈。但是根据唐代著名画家张怀瓘的《画断》、张彦远的《历代名画记》，以及宋代的《宣和画谱》等权威性的绘画著作的记载，滕王乃是一个著名的画家。例如《画断》称他"工于蛱蝶"。蛱蝶，就是蝴蝶的一种。《历代名画记》称他"善画"。《宣和画谱》甚至说他"工书画，妙音律，喜蝴蝶"。也就是说，滕王李元婴不仅擅长绘画，而且妙于音律，工于书法，是一位艺术全才。

滕王在绘画方面的代表作有《滕王蛱蝶图》。宋代著名诗人陈师道写过一首《题明发高轩过图》，开头两句是：

> 滕王蛱蝶江都马，一纸千金不当价。

所谓"江都马"，是指唐太宗的侄儿李绪，封江都王，擅长画马，人称"江都马"。陈师道说滕王李元婴画的蛱蝶与江都王李绪画的马，哪怕是一纸千金，都还算低估了，不当其值。由此可见，滕王在画坛的地位是很高的。他被称为"滕派蝶画"的鼻祖。

在阆中滕王阁的左边，还专门建有一个

"蝶梦堂",用来纪念这位"滕派蝶画"的鼻祖。

滕王是一位杰出的艺术家,这一点是可以肯定的。问题是,一个杰出的艺术家,就可以声色犬马、骄奢放纵吗?

有人认为,滕王声色犬马、骄奢放纵,是他在皇位争夺战中采取的一种"韬晦之计",目的在于使人们相信,他对皇位不感兴趣,是一个在政治上没有出息的人,从而躲过了皇位争夺者们对他的关注和戒备,成功地保全了自己。

我认为,这个说法是有一定道理的。滕王一生经历了高祖李渊、太宗李世民、高宗李治和女皇武则天四个皇帝,在这期间,皇位的争夺战是非常激烈的,先有李世民和李建成、李元吉之间的争夺,后来又有武则天和她的

◎阆中滕王阁

两个儿子李显、李旦之间的争夺。但是在多场激烈的皇位争夺战中,滕王李元婴都是安然无恙的。

我还可以补充两个事实:

一是滕王李元婴虽然我行我素,屡教不改,也一再受到朝廷的处罚,但是这些处罚都不是致命的打击。高宗去世、武则天当政之后,滕王不但没有倒台,反倒升官了:加开府仪同三司,兼梁州都督。武则天光宅元年(684),滕王去世,又封赠司徒、冀州都督,陪葬献陵(高祖李渊的陵墓)。

二是在李渊的22个儿子当中,做过隆州刺史的并非滕王李元婴一人,在他之后,还有鲁王李灵夔。据明朝嘉靖年间编纂的《四川总志》记载,这个鲁王在隆州刺史任内表现很好,所谓"务行宽大,民甚怀

之"。但是在滕王死后，鲁王与越王谋划，企图推翻武则天，结果被武则天所害。

这两个事实说明，滕王李元婴虽然骄奢放纵，不守规矩，但是他并没有对皇权构成威胁。也正是由于这一点，他才得以善终。

当我们明白了滕王李元婴的艺术家身份，以及他所处的那个非常复杂而险恶的宫廷斗争环境之后，对于他的三建滕王阁就有一个合理的解释了。他为什么要三建滕王阁？原因有二：

第一，是出于艺术的需要。我们可以从滕王阁的特点来看。滕王阁至少有这样几个共同特点：一是适宜观景。滕王是一位画家，画家需要观景。滕王三建滕王阁，首先是为了选择一个最佳的位置观景。滕王阁与黄鹤楼、岳阳楼不一样，黄鹤楼、岳阳楼最初都是军事瞭望楼，后来

◎阆中山水

才逐渐成为观景楼，滕王阁不是这样，它从一开始就是一个观景楼。滕州滕王阁的具体位置，我们不得而知。但是南昌滕王阁与阆中滕王阁的地理位置都是非常好的，一个建在赣江边上，一个建在嘉陵江边上，这样的地理位置就非常适宜于观景。二是适宜创作。滕王阁周围的自然山水都很好，都很有特色，很容易激发艺术家的创作灵感。既适宜于现场作画，也适宜于现场作书、现场作诗、现场作文。三是适宜收藏和展示艺术品。滕王阁既高且大，内部装修都很精致，是一个很好的艺术博物馆。四是适宜于音乐和歌舞表演。无论是王勃的《滕王阁》和《滕王阁序》，还是杜甫的《滕王亭子》，都写到当年的滕王阁曾经有非常精彩的歌舞表演。这四个特点使得滕王阁成为一个非常好的艺术平台，而滕王和他的那些艺术家朋友，都需要这样一个艺术平台。因此滕王为官到哪里，只要条件许可，就把滕王阁建到哪里。在他看来，滕王阁是他安顿灵魂的一个所在，是他发挥才情的一个所在，也是他创造的一个品牌。由此我们也可以看出他的性格，就是我行我素，做自己喜欢做的事，不在乎别人说什么。

第二，是出于自我保全的需要。滕王通过三建滕王阁，通过在滕王阁上绘画、写字、欣赏音乐歌舞，来施行他的"韬晦之计"。他要让朝野都相信，他就是一个大玩家，一个在政治上没有出息的人，一个大错不犯、小错不断的人，从而远离皇位之争，达到自我保全的目的。事实证明，他的目的完全达到了。由此看来，滕王还是一个很聪明的人。

滕王一生从华东到华西，从青年、中年到老年，一共建了三个滕王阁。这三个滕王阁的命运又如何呢？

山东滕州的那个滕王阁，在滕王离开滕州之后，就因为风雨雷电的侵蚀，慢慢地破损、毁掉了，后来似乎没有重建过。为什么没有重建呢？据我的推测，可能是在滕州的那个滕王阁上，没有留下传世的文学艺术作品，因此在古人看来，就没有重建的必要。前些时看到一则消

◎阆中滕王阁

息，说滕州人计划重建滕王阁。我希望在未来的滕州滕王阁上，能够出现优秀的文学艺术作品。

南昌的那个滕王阁在宋、元、明、清各代，曾经屡毁屡建。据文献记载，自唐高宗永徽四年（653）南昌滕王阁初建之后，到公元1989年，1336年之间，一共重建了28次，平均48年建一次。

南昌滕王阁之所以屡毁屡建，是因为初唐著名诗人王勃在那里留下了一篇传世佳作《滕王阁序》。由于这一篇佳作，使得南昌滕王阁名满天下，成为南昌的一个文化地标。人们到了南昌，就要问滕王阁，就要登滕王阁。这就使得南昌滕王阁无论由于什么样的原因被损毁，都得重建。

隆州（阆中）的滕王亭，在宋、元、明、清各代，也曾经屡毁屡建。自清代道光、咸丰以后，这个滕王亭就改称滕王阁了。阆中的滕王亭之所以屡毁屡建，是因为"诗圣"杜甫曾经登临过，并且留下了两首传世佳作，诗名就叫《滕王亭子》。

君王台榭枕巴山

"安史之乱"爆发之后，杜甫由中原流离到巴蜀，在巴蜀待了八年。这八年中，杜甫曾经两次来到滕王任职过的隆州（阆中），登上滕王兴建的滕王亭，一连写下了两首《滕王亭子》。

> 君王台榭枕巴山，万丈丹梯尚可攀。
> 春日莺啼修竹里，仙家犬吠白云间。
> 清江锦石伤心丽，嫩蕊浓花满目斑。
> 人到于今歌出牧，来游此地不知还。
> ——杜甫《滕王亭子二首》其一

这是一首很有名的诗，原因有二：

一是很独特地描写了阆中的自然山水。阆中素来被称为风水宝地，四面环山，三面环水，它的景色是非常美丽的。

请看这一句："清江锦石伤心丽"。

"清江"就是指嘉陵江。"伤心丽"是什么意思？有两种解释：第一种解释说，杜甫远离中原故土，看到美丽的嘉陵江，以及江中的彩色石，就感到伤心；第二种解释说，"伤心丽"，就是非常美丽的意思。

我赞同第二种解释。"伤心"，在这里是一个程度副词。在西南方言中，普遍有这种用法。例如李白有一首《菩萨蛮》词，其中有一句："寒山一带伤心碧"，"伤心碧"就是非常碧。李白在蜀中生活了20年，杜甫在蜀中生活了八年，他们都熟悉西南方言。曾经有人怀疑《菩萨蛮》这首词不是李白写的，如果不是李白写的，那又是谁写的呢？我认为，至少是一个熟悉西南方言的人写的。我问过阆中本地的一位学者，他说"伤心丽"，就是"好看得要命"。阆中人说一件商品很贵，就说"贵得伤心"。杜甫用"伤心丽"来形容阆中境内嘉陵江的彩色石，这就给人们留下了非常深刻的印象。

二是抒发了浓厚的怀古伤今之感。请看这两句："人到于今歌出牧，来游此地不知还"。

"牧"，就是州牧；"出牧"，就是指李元婴出任隆州刺史。关于这两句，也有两种不同的解释：第一种解释以明代著名学者杨慎为代表。杨慎认为，这两句是在歌颂滕王李元婴。他还说，李元婴骄奢放纵，所过为害，有什么好歌颂的？第二种解释以清代著名学者仇兆鳌为代表。仇兆鳌认为，这两句是在讽刺滕王李元婴。[杜甫著、仇兆鳌注《杜少陵集详注》（下册）]

我认为，这两句诗既不是在歌颂李元婴，也不是在讽刺李元婴，而是怀古伤今。我们不妨联系《滕王亭子》第二首来看：

> 寂寞春山路，君王不复行。
> 古墙犹竹色，虚阁自松声。
> 鸟雀荒村暮，云霞过客情。
> 尚思歌吹入，千骑拥霓旌。
> ——杜甫《滕王亭子二首》其二

我们不难发现，在杜甫登上这个滕王亭的时候，滕王亭其实是很荒凉的。诗人眼前所看到的，是"寂寞"的"山路"，荒废的村庄，竹色（深绿色）的"古墙"，虚无一人的楼阁；耳边所听到的，是自言自语的松涛，还有自言自语的鸟雀。楼上楼下再无别的人，只有诗人自己。看到天上飘着的云霞，他想到了滕王这位"过客"当年登楼时树旗扬幡、前呼后拥的场面；听着荒村里的鸟声，他想到了当年滕王亭上响彻云霄的歌声和鼓乐声。

因此，上面那一首诗的结尾两句就不难理解了。所谓"人到于今歌出牧"，不是歌颂滕王的为官或为人，只是肯定了他的建亭；所谓"来游此地不知还"，不是指当下的情景，而是指当年的情景。正是因为滕王建了这样一个滕王亭，使人们可以饱览阆中的自然山水，可以得到非同一般的审美享受，所以人们到了此地，就乐而忘返。

但是，这种乐而忘返，只是当年的情景，并非当下的情景。当下是个什么情景呢？当下的滕王亭是荒凉的，落寞的。诗人正是由当下的滕王亭的荒凉、落寞，想到了滕王，以及滕王所处的那个没有战乱、天下太平的时代。

杜甫来到巴蜀，就是因为中原遭遇战乱。但是巴蜀也不安宁。就在杜甫登上滕王亭的这段日子，吐蕃人正在入侵蜀地，并且占领了松州（今四川松潘）和维州（今四川理县），形势已经很危急了，隆州人大都逃走了。

可以说，正是因为作品包含了浓厚的怀古伤今之感，才给读者和游客留下了难忘的印象。

同样是登高作赋，同样是抒情言志，杜甫的《滕王亭子》所抒发的是一种怀古伤今之感，与王勃的《滕王阁序》所抒发的那种用世之志，可谓各有千秋。

鹳雀楼

高楼千载镇蒲关

【鹳雀楼上】

鹳雀楼 坐落在山西省永济市蒲州镇蒲州古城西门外的黄河岸边。这是一座仿唐建筑,九层,其中台基三层、主楼六层,高达 73.9 米。巍峨壮观,气势恢宏,被称为"黄河第一楼"。

站在鹳雀楼上,往东可以看到延绵起伏的中条山,往西可以看到奔腾不息的黄河。它的地理位置和观景效果都非常好。

这座楼之所以叫鹳雀楼,是因为楼下的黄河滩上,有许多鹳雀在那里觅食。有白鹳,有黑鹳,还有灰鹳。鹳雀这种鸟很有特点,它觅食在水边,栖息则在高处。在古代的鹳雀楼上,就栖息了许多鹳雀,因此人们就称这座楼为鹳雀楼。

在今天的这座鹳雀楼上,是很难看到鹳雀的。这是由于生态环境的变化,在今天的黄河滩上已经很难看到鹳雀了。当然,也不是完全看不到鹳雀,只是比较少见而已。

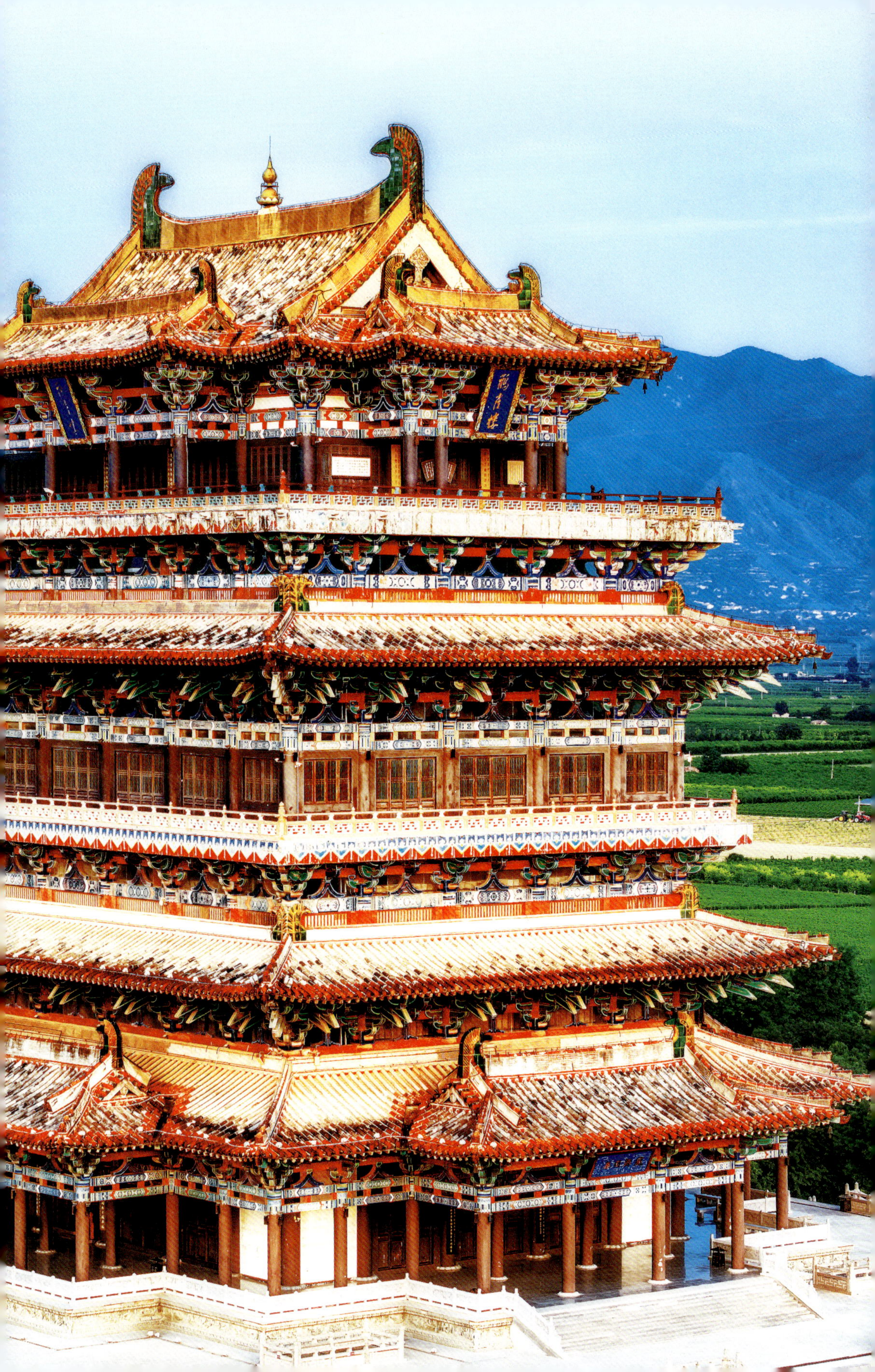

鹳雀楼的两个700年

古代的鹳雀楼是北周时期修建的。唐代著名文人李翰写过一篇《河中鹳雀楼集序》，这篇序讲：

> 周大冢宰宇文护军镇河外之地，筑为层楼。迥标碧空，影倒洪流，二百余载，独立乎中州。

"河中"，就是河中府。鹳雀楼所在的永济市蒲州镇，在秦、汉、三国、西晋时属于河东郡管辖，在北周和隋代属于蒲州管辖，在唐、宋、元三代属于河中府管辖，在明清时期又属于蒲州管辖。"周"，就是北周；"大冢宰"是个官名，相当于吏部尚书；"河外之地"，就是指北周时期黄河东边的蒲州。宇文护本人并没有亲自镇守过蒲州，但是分别在保定二年（562）及天和元年（566），先后派自己的两个儿子宇文会和宇文训担任蒲州刺史，鹳雀楼就是在天和元年兴建的，距李翰写作这篇序的时候，正好200余年。

宇文护在北周末年，就像曹操在东汉末年那样，是一个说一不二的权臣。《北史·宇文护传》记载：

> 护第屯兵禁卫，盛于宫阙。事无巨细，皆先断后闻。

既然"事无巨细"都是他说了算，因此李

翰说"宇文护军镇河外之地，筑为层楼"，就可以理解为，鹳雀楼是由他拍板兴建的。

根据当地学者提供的材料来看，鹳雀楼在历史上并没有重建过。这一点和其他的中华名楼不一样。其他的中华名楼在历史上多是屡毁屡建，而鹳雀楼在历史上只毁过一次，但是并没有重建过。

宇文护拍板兴建的那个鹳雀楼在历史上存在了700年，唐代著名诗人王之涣所写的鹳雀楼，还有唐宋时期其他诗人所写的鹳雀楼，都是那个鹳雀楼。

那个鹳雀楼在金末元初毁于一场战火。据当地学者介绍，当时鹳雀楼所在的蒲州被金兵占领，元兵在黄河西边，在对岸，还没过河呢，金兵的一个小帅（即小统帅）料定打不过元兵，就自己放一把火把鹳雀楼烧了。也就是说，鹳雀楼不是元兵烧的，是金兵烧的。金兵自己放火，把自己占领的鹳雀楼烧掉了。这是一种什么性质的行为呢？这就是老百姓所讲的"放起身炮"，也就是在起身之前，在逃跑之前，还要干一件坏事。心想我金兵不能占有鹳雀楼，你元兵也别想占有。从心理学的角度来看，这是一种气急败坏的心理，一种阴暗心理。鹳雀楼是一个名胜古迹，这个名胜古迹碍着你什么了？碍着你打胜仗了？碍着你得天下了？金兵怀着这种心理跟元兵打仗，其结果就可想而知了。

鹳雀楼被金兵一把火烧掉之后，700年没有重修。元、明、清三代诗人所写的鹳雀楼，实际上是永济县蒲州古城的西门城楼。有诗为证：

灰飞烟灭盛名在，错把西楼当此楼。

这是明代诗人尚登岸的一首《鹳雀楼》诗中的两句，这首诗就收录在清代光绪年间编纂的《永济县志》里。

因此，元、明、清时期的鹳雀楼，实际上是不存在的。但是由于鹳雀楼的名气实在是太大了，它的魅力实在是太大了，人们需要这个楼，需要站在这个楼上看中条山，看黄河，需要在这个楼上登高望远，抒情言志，于是就把蒲州古城的西门楼当作了鹳雀楼。这是一种借代，或者说是一种借景，这种现象在中国历史上是非常罕见的，这也说明鹳雀楼在人们心中有着不可或缺的地位。

因此，鹳雀楼的历史可以用两个700年来概括，第一个700年是真实存在的700年，第二个700年是由蒲州古城的西门楼作替身的700年。

抗日战争时期，蒲州古城的西门楼被日本侵略者的炮弹炸毁，于是鹳雀楼连个替身都不存在了。这样鹳雀楼就成了人们的一个遥远的记忆，人们只能通过王之涣的《登鹳雀楼》这首诗来想象鹳雀楼了。

令人欣慰的是，1997年12月，山西省永济市人民政府开始重建鹳雀楼，他们多方筹措资金，用了五年的时间，终于在2002年9月把这个楼建成了。

今天的鹳雀楼不是在原址上重建的，原因是黄河改道了。据当地学者介绍，今天的黄河离鹳雀楼原址有3.5公里，如果在原址上重建，那

◎鹳雀楼

么人们登上鹳雀楼就看不到黄河了。登鹳雀楼而看不到黄河，那怎么行呢？于是永济人就把鹳雀楼往西移了 2.5 公里。也就是说，这个重建的鹳雀楼离黄河只有 1 公里，这个距离是合适的。站在重建的鹳雀楼上，可以清清楚楚地看到黄河由北而南，然后由西而东流去。鹳雀楼在黄河的拐弯处，观景位置非常好。

为何兴建鹳雀楼

那么,宇文护当年为什么要拍板兴建鹳雀楼呢?他的目的是什么呢?

应该说,这与北周时蒲州的重要战略位置有直接关系。要想了解鹳雀楼,必须了解蒲州。周景柱在《蒲州府志》中讲:

> 蒲为郡,被山河之固,介雍豫之交。……盖形势居要,所谓得之者雄。

这里的"山"是指中条山,"河"是指黄河。"雍"是雍州,泛指今陕西一带;"豫"是豫州,泛指今河南一带。意思是说,蒲州这个地方,既有中条山之固,又有黄河之险,它介于陕西、河南之间,地理位置非常重要,谁得到它,谁就可以称雄于天下。

蒲州有两个很突出的特点:

第一个特点,历史悠久,文化底蕴深厚。传说中的尧帝,最初就在这里建都,后来才迁到平阳(今山西临汾);传说中的舜帝,也曾在这里建都。因此蒲州这个地方被称为"华夏第一城"。

这个地方最初叫"蒲邑"。春秋时,这里属于晋国的版图;战国时,这里属于魏国的版图。秦始皇统一六国之后,改"蒲邑"为"蒲坂"。蒲坂是一个县,属于河东郡管辖。北周时,改河东郡为蒲州,蒲坂成为蒲州的治所。唐玄宗开元八年(720),又改蒲州为河中府,把它升格为"中都"（欧阳修、宋祁撰《新唐书·地理志》）。"中都"是与西都长安、东都洛阳、北都太原齐名的唐代四大都会之一，虽然为时不长（只有八个月左右），但是也能说明蒲州的政治、经济和文化地位在唐代是很高的。

蒲州这个地方在历史上出过许多人才，仅仅是在唐代就出了许多。我这里只说著名的，例如著名古文家柳宗元、柳冕，著名诗人王维，"大历十才子"之一的卢纶。还有著名的杨贵妃也是蒲州人，她不仅是一位舞蹈家，也是一位诗人，《全唐诗》里就收录了她一首诗。另外还有两位诗人，一个叫畅当，一个叫耿湋，他们各写过一首《登鹳雀楼》，这两首诗都写得不错，前人对这两首诗的评价都比较高。

总之，蒲州是一个文化底蕴深厚的地方。大凡文化底蕴深厚的地方，就会有一两个标志性的文化景观，而鹳雀楼，就是蒲州的两个标志性的文化景观之一，另一个是蒲津桥。

第二个特点，在国家分裂的时候，在战争年代，蒲州是一个兵家必争之地。

◎蒲津关黄河大铁牛

  以春秋战国为例。春秋时，有秦、晋、齐、楚、吴五霸争雄，河西是秦，河东是晋，两个诸侯国长期争锋，而蒲邑就是他们争夺的一个焦点。

  战国时，则有秦、楚、齐、韩、赵、魏、燕七雄逐鹿，秦国更是野心勃勃，要吞并六国，于是远交近攻，各个击破，而魏国的蒲邑就是被攻击的第一个目标。秦国要灭魏国，必须东渡黄河，于是就在河上建浮桥，这就是最早的"蒲津桥"。这个"蒲津桥"被称为"黄河第一桥"，又称"蒲津渡"，或者"蒲津关"。

  公元534年，中国北方的北魏分裂为两个国家：东魏与西魏，与南方的南朝形成三足鼎立的局面。东魏定都邺城（今河北临漳），西魏定都长安（今陕西西安）。东魏控制了黄河以东的广大地区，尤其是控制了中原的心脏洛阳，可谓地广人众，而西魏则局促于关西一隅，在地理形势上明显处于劣势。西魏要想与东魏争雄，首要任务就是夺取河东地区，而要夺取河东地区，首先必须夺取河东重镇蒲坂。为此，东魏、西魏长期兵戎相见。公元537年，西魏夺取了河东重镇蒲坂，打开了东进的通道。

公元550年，北齐代替了东魏；公元557年，北周又代替了西魏。北齐与北周，继续兵戎相见。这时候的蒲坂虽然在20年前就已被西魏占领，但实际上还是西魏在黄河以东的一块孤悬之地，时刻都有被北齐吞掉的可能。于是北周的大冢宰宇文护开始着力经营蒲坂。一是在这里兴修水利，发展农业生产，以此赢得当地民众的支持；二是把河东郡改为蒲州，并把自己的儿子宇文会派到这里任刺史，掌管蒲州的军政大权。

天和元年（566），宇文护又把自己的另一个儿子宇文训派到蒲州任刺史，威震河东、气势恢宏的鹳雀楼就是在这一年修建的。

宇文护先后杀害了北周的两个皇帝，历史上对他的评价是不高的。不过有一点应该肯定，他为北方的统一还是做了许多工作的，他的事业心还是很强的。他拍板兴建鹳雀楼，不是为了观景，不是为了流连山水，而是有三个很现实的目的：一是为了军事防御；二是为了镇守蒲津桥；三是为了向北齐宣示，蒲州就是北周的，蒲州境内的蒲津桥和鹳雀楼都是北周的，你北齐休想来占领。因此，最早的鹳雀楼不是作为一个观景楼来兴建的。

清代诗人崔景僖有一首诗，题目叫《鹳雀楼晚眺》，开头两句是：

鹳雀翩翩去不还，高楼千载镇雄关。

这个"雄关"，就是蒲津关，也就是蒲津桥；"高楼"，就是鹳雀楼。"高楼千载镇雄关"这一句，可以说是很好地概括了鹳雀楼与蒲津桥的关系。在战争年代，鹳雀楼的作用之一，就是镇守蒲津桥。在和平年代，蒲津桥的作用之一，就是接送登鹳雀楼的人们过黄河。

请君更上一层楼

鹳雀楼下

鹳雀楼在人们心中，早已成为一个登高望远的文化符号，一个昂扬向上的精神象征。那么，是什么赋予了鹳雀楼这种登高望远、昂扬向上的文化内涵呢？是优秀的文学作品。

唐人写鹳雀楼的文学作品有不少，除了著名诗人王之涣，还有畅诸、李益、卢纶、耿湋、畅当等，都写过鹳雀楼，而且质量都比较高。尤其是王之涣的《登鹳雀楼》这首诗，质量非常高，影响非常大。据有关学者统计，在最有影响的100首唐诗中，王之涣的《登鹳雀楼》排位第四（见《唐诗排行榜》）。正是这首诗，赋予了鹳雀楼登高望远、昂扬向上的文化内涵；也正是这首诗，极大地提高了鹳雀楼的知名度和影响力。

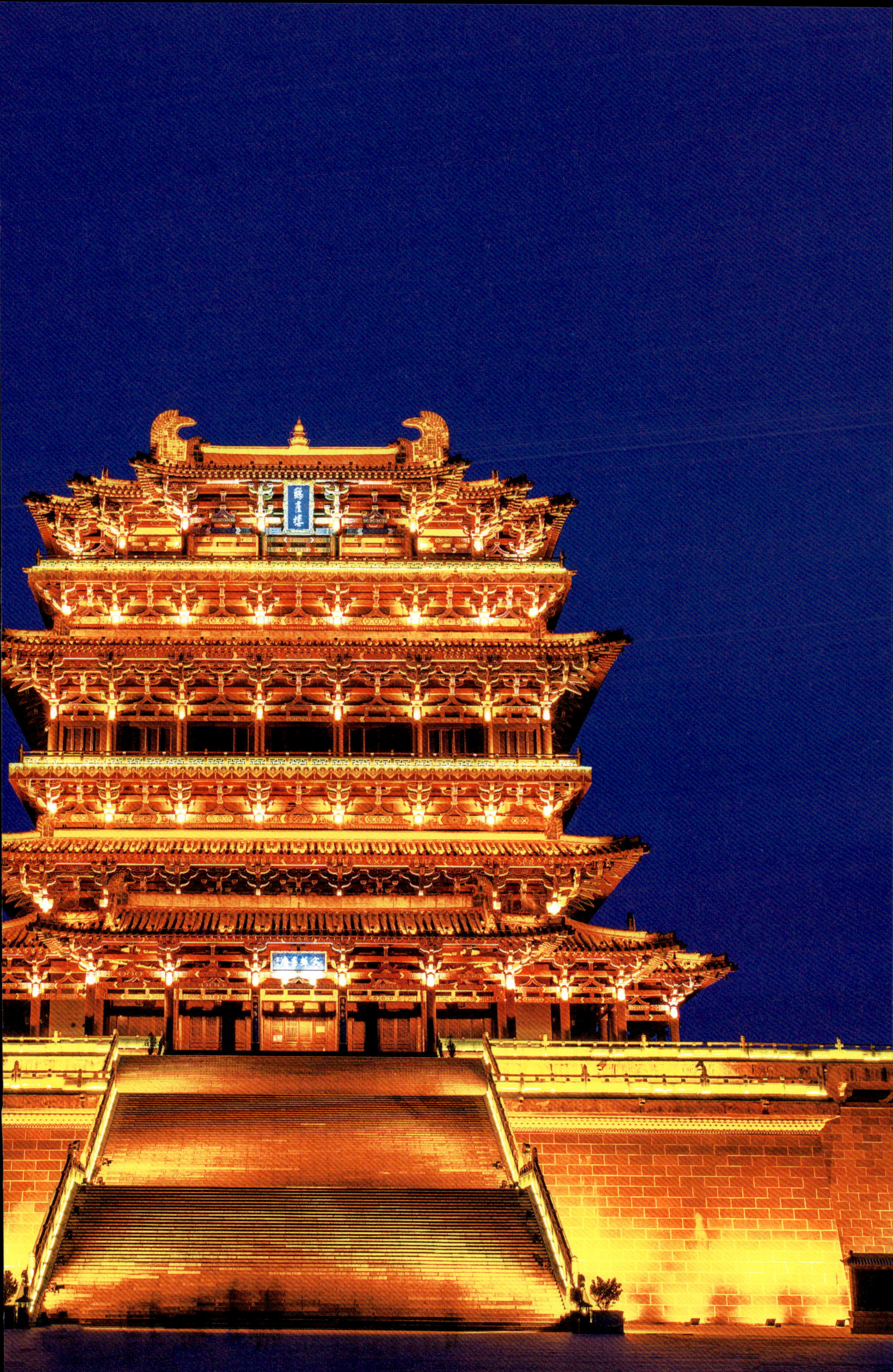

《登鹳雀楼》的景和意

一首诗，一般包含两个基本要素：一个是景物，一个是情意。情意，也就是文化内涵。我们来看看王之涣的《登鹳雀楼》这首诗：

白日依山尽，黄河入海流。
欲穷千里目，更上一层楼。

这首诗，一共写到了五个景物：一是白日；二是山；三是黄河；四是海；五是楼，也就是鹳雀楼。这五个景物，有没有可能在同一个时间出现呢？

有人认为，这五个景物不可能在同一个时间出现。首先，诗人站在鹳雀楼上，根本就不可能看到海，海是想象之景，是根据黄河的流向而推测的。这一点好理解。其次，在"白日依山尽"的时候，也就是在太阳落山的时候，诗人站在鹳雀楼上，如果他的视线里有"白日"，那就不可能同时有"山"。因为这个"山"，按照宋代学者沈括的说法，是指中条山，所谓"前瞻中条，下瞰大河"。但是中条山在鹳雀楼的东南边，"白日"则在中条山的西南边，一个人在面对西南边的"白日"时，怎么可能同时看到东南边的中条山呢？（简锦松《王之涣〈登鹳雀楼〉诗现地研究》）

这似乎是一个问题。我也曾经相信过这个说法。后来，我亲自去了一趟鹳雀楼，我向鹳雀楼公园管理处的同志提到了这个问题。他的回答是，在看"白日"西下的时候，如果天气晴朗，没有云雾，也是可以同时看到山的。不过这个山不是东南边的中条山，而是西南边的华山。他还指给我看了一会儿。在鹳雀楼的西南边，视线越过黄河，往远处看，确实有一道山的轮廓。他说，这就是华山。

我由此想到，唐代的自然环境比今天要好，至少是没有这么多的雾霾，因此诗人站在鹳雀楼上看"白日"西下时，应该是可以清晰地看到华山的。

这个经历告诉我们，要想真正了解一座楼的地理方位及其周边景物，仅仅看参考资料是远远不够的，你得去做实地考察。就像著名诗人陆游所讲的那样，"纸上得来终觉浅，绝知此事要躬行"（《冬夜读书示子聿》）。看楼如此，看其他景物或其他事物，又何尝不是这样呢？

下面再说说《登鹳雀楼》这首诗的情意，也就是文化内涵。关于这首诗所包含的情意，古往今来的读者都是有共识的：就是一种昂扬向上的励志精神，一种登高望远的人生哲理。它告诉人们：要想看得远，就得站得高。登高则能望远，这是一个普遍真理。由于作品揭示了一个普遍真理，因此就得到了人们的普遍认可。1000多年来，人们都是把它当作一首励志诗和哲理诗来读的。它开阔了人们的胸襟，提高了人们的精神境界，给了人们一种积极向上、昂扬奋发的动力。

前几年，台湾有一位研究唐诗的学者提出了一个不同的观点。他认为，鹳雀楼是一个军事设施，不同于黄鹤楼一类的商业酒楼，可以随兴而登，呼朋而饮，而是要由军政长官率同登楼的。因此，凡是登上此楼者，都显得"快乐与自负"，因此这首诗的主题，就不是励志了，而是写登楼者个人的"快乐与自负"。（简锦松《王之涣〈登鹳雀楼〉诗现地研究》）

诚然，对于一首诗，不同的读者可以有不同的理解，这是很正常的。不过这位学者有一个误解，他认为这个楼在唐代，尤其是在作者写这首诗的盛唐时期，还是一个军事设施，而不是一个可以随兴而登的观景楼，这并不符合事实。不错，鹳雀楼在北周初建的时候，或者在此后的战争年代，确实是一个军事设施，不是一般人可以随兴而登的，但是在和平年代，尤其是在作者写作这首诗的盛唐，它就是一个可以随兴而登的观景楼了。唐人李翰的《河中鹳雀楼集序》中有这样几句话：

以其佳气在下，代为胜概。四方隽秀有登者，悠然远心，如思龙门，若望昆仑。

这几句话表明，在唐代，"四方隽秀"不仅可以随兴而登此楼，而且登楼的心情是"如思龙门，如望昆仑"，这正是一种登高望远、昂扬奋发的精神状态。

◎鹳雀楼

可惜这样一首非常好的诗，在学术界至今还有著作权上的争议。也就是说，这首诗究竟是谁写的，在学术界主要有两种不同意见：一种意见认为，这首诗是王之涣写的；另一种意见则认为，这首诗是一个叫朱斌的人写的。第一种意见可以称为"王之涣说"，第二种意见可以称为"朱斌说"。

"朱斌说"有一个证据，就是在最早的唐诗选本《国秀集》里，收录了一首名为《登楼》的五言绝句，这首五言绝句的内容和文字与王之涣的《登鹳雀楼》是一模一样的，只是题目少了"鹳雀"这两个字。但是《国秀集》把这首诗归在了朱斌的名下，而没有归在王之涣的名下。

《国秀集》的编者叫芮挺章，是盛唐时期的一位太学生，王之涣则是盛唐诗坛上的一位著名诗人。也就是说，芮挺章与王之涣是同时代人，他对王之涣的作品应该是很熟悉的。在《国秀集》里，他收录了王之涣的两首《凉州词》和一首《宴词》，但是没有收录他的《登鹳雀楼》。

"朱斌说"认为，如果《登鹳雀楼》的作者是著名诗人王之涣，那么芮挺章作为王之涣的同时代人，怎么会把这首诗归在一个并不知名的朱斌的名下呢？

当然，"王之涣说"也是有证据的，而且还不止一个证据。

证据之一：在北宋著名学者沈括的《梦溪笔谈》中，有这样一段记载：

> 河中府鹳雀楼，三层，前瞻中条，下瞰大河，唐人留诗者甚多，唯李益、王之涣、畅诸三篇能状其景。……王之涣诗曰：白日依山尽，……

沈括可不是一般的学者，他是一位学识渊博、对古今掌故都很熟悉的学者，而《梦溪笔谈》又是一部很有科学价值的名著，因此"王之涣说"认为，沈括的记载是可信的。

证据之二：在北宋著名史学家司马光的《温公续诗话》中，也有一段记载：

> 唐之中叶，文章特盛，其姓名湮没不传于世者甚众。如河中府鹳雀楼有王之涣、畅诸诗。……王诗曰：白日依山尽，……

司马光也不是一般的学者，他是《资治通鉴》这部名著的主要作者，是一位严谨的史学家，而且还是夏县人。夏县离鹳雀楼很近，今天

◎登鹳雀楼，瞰黄河入海流

的夏县和鹳雀楼所在的永济市，都属于山西省运城市管辖。

"王之涣说"认为，夏县离鹳雀楼既然很近，司马光作为一位严谨的史学家，应该是亲自到过鹳雀楼的。也就是说，他的记载应该是可信的。

正因为《登鹳雀楼》这首诗存在著作权上的争议，所以清朝人在编《全唐诗》的时候，就采取了一种两全的办法，既在这部书的第203卷里收录了朱斌的《登楼》，并且注明："一作王之涣诗"；又在这部书的第253卷里收录了王之涣的《登鹳雀楼》，并且注明："一作朱斌诗"。

我也认为，这首诗可能存在著作权上的争议。但是，一个众所周知的事实是，从宋代以后，直到今天，所有的唐诗选本都把这首诗归在了王之涣的名下，这是为什么呢？据我的分析，大约有三个原因：

第一，如果说这首诗是朱斌写的，那么大名鼎鼎的王之涣怎么可以把人家的作品堂而皇之地写在鹳雀楼上呢？他自己难道不会写诗吗？当然，可能有人会说，这首诗不是王之涣本人题写在鹳雀楼上的，是别的人题写在鹳雀楼上的。可是别的人为什么要这样做呢？如果说是为了借名人之名，为什么要借王之涣之名，而不借别的名人之名呢？因此，许多学者对"朱斌说"是将信将疑的。

第二，许多学者相信沈括和司马光。相信他们都是知识渊博、治学严谨的学者，相信他们的记载不会有错。

第三，朱斌是个什么人？史料上缺乏记载。根据《国秀集》的介绍，他是一个处士，也就是一个没有做官的读书人。但是他并没有留下别的作品。如果他还留下了别的作品，那么人们还可以根据他别的作品来推断，看他有没有达到写作《登鹳雀楼》这首诗的水准。可惜这个推断无从进行。

王之涣就不一样了。我这里给大家讲一讲王之涣的生平事迹，通过他的生平事迹，大家不仅可以判断王之涣有没有可能去过鹳雀楼，有没有可能写作《登鹳雀楼》这首诗,还可以判断他有没有达到写作《登鹳雀楼》这首诗的水准。

王之涣(688—742),字季凌,绛州人。唐代的绛州就是今天的新绛县,今天的新绛县与鹳雀楼所在的永济市同属山西省运城市管辖。也就是说,王之涣的家离鹳雀楼是很近的。

王之涣的父亲王昱做过汴州浚仪(今属河南)县令,因此他也算是一个官家子弟。王之涣从小聪明过人,但是并不好好读书,也不参加科举考试,而是喜欢结交豪门子弟,习武练剑,架鹰打猎,开怀畅饮,慷慨悲歌,很有侠客之风。后来一朝顿悟,才开始认真读书。

王之涣没有科举功名,经人推荐,才做了冀州衡水县主簿。衡水县,也就是生产"衡水老白干"的那个县,即现在的衡水市,他在这里做了一个掌管文书的小官。虽然有好酒喝,但是不得志,又有些心高气傲,这样就得罪了人,于是就有人诬陷他。至于诬陷他什么,文献上没有记载,我也不敢主观臆断。

遭人诬陷,按照常理,就得去辩白、去澄清,他的亲戚朋友也劝他去找上司解释一下,但是王之涣不耐这个烦。怎么办呢?等着受处分吗?不,干脆辞官走人。用今天的话来讲,就是"世界那么大,我想去看看"。

王之涣辞官之后,就开始漫游天下。说到这里,我要强调一下,我刚才讲过,王之涣的家离鹳雀楼是很近的,他去鹳雀楼是很方便的。他既然已经辞官,既然开始漫游天下,而鹳雀楼离他的家又很近,他

◎王之涣像

怎么可能不去看看呢？既然看了，作为一位诗人，又怎么可能不写诗呢？因此，王之涣登上鹳雀楼的可能性是很大的，写作《登鹳雀楼》这首诗的可能性也是很大的。

王之涣的足迹遍及黄河南北数千里，而且到了西北边塞。正是因为到了西北边塞，亲身感受了边塞风光，深切理解了戍边将士的思想情感，他写下了两首很有名的《凉州词》，其中第一首最为有名：

黄河远上白云间，一片孤城万仞山。
羌笛何须怨杨柳，春风不度玉门关。
——《凉州词二首》其一

远处的黄河蜿蜒而上，仿佛悬挂在白云之间。白云之下是万里黄沙，黄沙深处有一座孤城，孤城里传来羌笛的声音。那羌笛在演奏一首名叫《折杨柳枝》的曲子，听起来非常哀怨。在万里黄沙中，本来是没有杨柳的，但是戍边将士听到《折杨柳枝》这支曲子，就会想到家乡的杨柳，就会思念家乡的亲人。这就是乡愁。乡愁来袭，怎么办呢？

按照汉唐以来的规定，戍边将士如果没有朝廷的特许，是绝对不允许回家的，甚至绝对不允许走出玉门关。据《史记·大宛列传》记载，汉武帝于太初元年，命令将军李广利率兵攻打大宛，士兵因为饥饿，攻战不利，请求罢兵。汉武帝闻之大怒：

使使遮玉门关曰："军有敢入者，辄斩之！"

汉代如此，唐代也一样。诗人王之涣是深知这一点的，因此他代表那些思乡的戍边将士，发出了这样的感叹：羌笛啊，你何必演奏这么哀怨的《折杨柳枝》呢？春风过不了玉门关，更吹不到万里黄沙，这里是长不出杨柳的，你何必要吹奏这种曲子惹得将士们伤心呢？"春风"在这里有两层意思，既指自然界的春风，也指皇帝的恩泽。意思是说，皇帝不顾将士们的感受，不顾将士们的死活，他的恩泽根本到不了玉门关啊！

　　这首诗，由于描写了西北边塞的奇特风光，表达了戍边将士的思乡之情，豪迈之中透着悲壮，引起了天下读者的强烈共鸣，在社会上产生了强烈反响，被认为是唐代最优秀的边塞诗之一。据有关学者统计，在最有影响的 100 首唐诗中，王之涣的这首《凉州词》排位第三（《唐诗排行榜》）。

　　王之涣在 55 岁那一年因病去世。他是盛唐时期与王昌龄、高适齐名的著名诗人，但是他留下来的诗并不多，只有 6 首。大家不妨想一想：王之涣活了 55 岁，怎么可能只有 6 首诗呢？

　　我猜想，应该不止 6 首。很有可能多数的诗都散佚了。为什么会散佚呢？很有可能与他那豪放的性格有关，多数时候随写随扔，没有存心保留。也许《登鹳雀楼》这首诗就是这样，随写随扔，甚至连名字都没有署上，后来被一个叫朱斌的人抄写在一张纸上，再后来，又被一个叫芮挺章的人收进了《国秀集》。当然，这只是我的一种猜想，不能说是结论。

　　总之，王之涣和朱斌是不一样的。朱斌只留下了《登楼》这一个作品，并没有留下别的作品，因此没有证据表明他的写作能力达到了写作《登鹳雀楼》这首诗的水准；王之涣就不一样了，他除了《登鹳雀楼》，还有《凉州词》这样的作品，而且《凉州词》又写得非常好，其影响甚至比《登鹳雀楼》还要大。通过他的《凉州词》，人们就可以判断，他完全达到了写作《登鹳雀楼》这首诗的水准。

　　因此，在朱斌的著作权因为证据短缺而难以确认的情况下，人们就只能把这首诗归在王之涣的名下了。

芙蓉楼

一片冰心在玉壶

镇江芙蓉楼

芙蓉楼在中国有两个,一个在江苏镇江,一个在湖南洪江。两个芙蓉楼都因为和唐代著名诗人王昌龄有重要关系而知名。这里先讲镇江芙蓉楼。

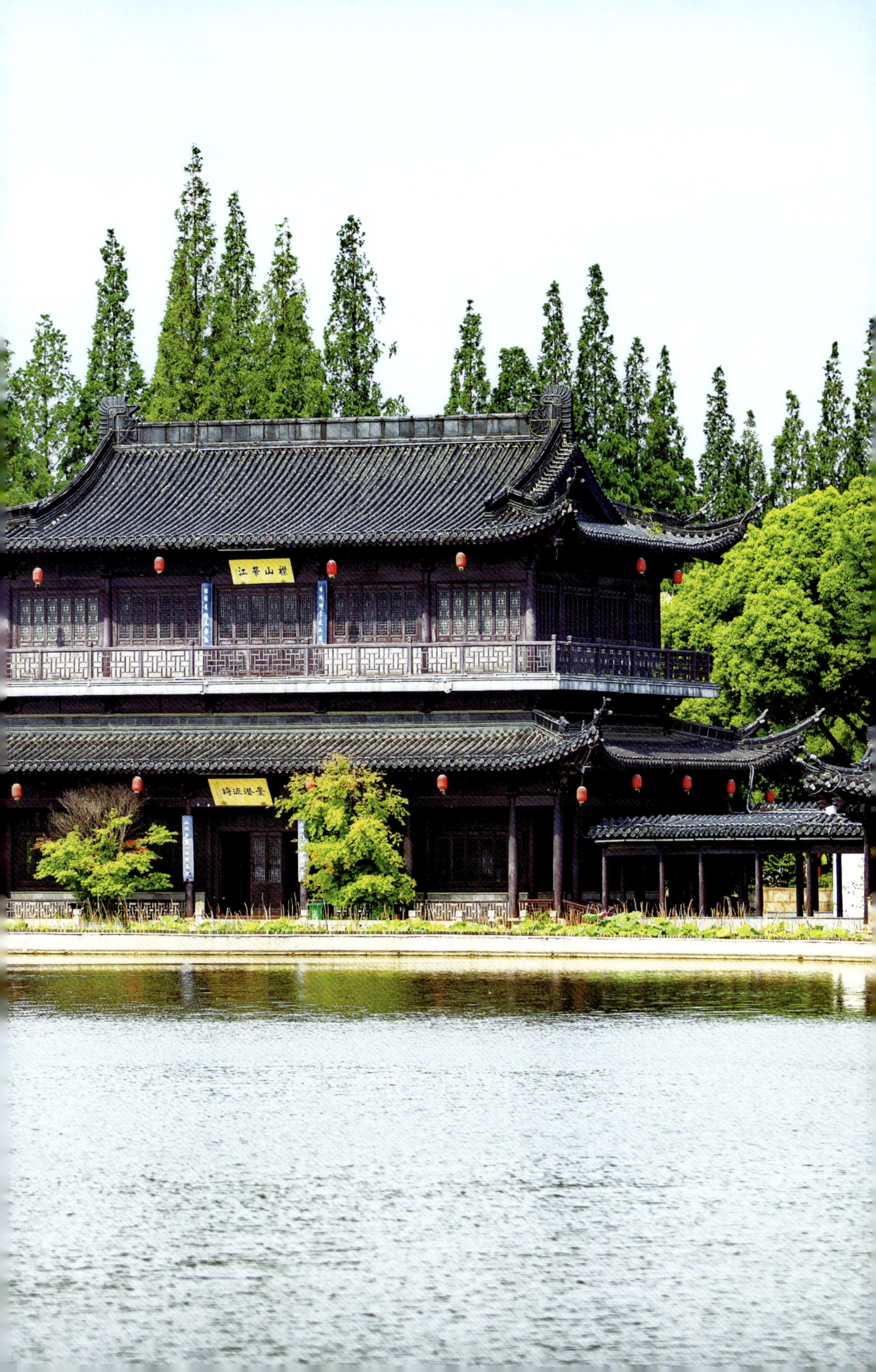
襟山帶江

镇江芙蓉楼

镇江芙蓉楼，是一座重檐歇山式仿古建筑，两层，高19米。楼前是人工湖，湖边有大片的芙蓉。楼的两侧还有两座仿古建筑，东北的一座叫"冰心榭"，东南的一座叫"掬月亭"，三座建筑之间有回廊相连，与湖中的三座汉白玉石塔构成一个景观群。站在芙蓉楼上，近可以看镇江的山容水态和城市风光，远可以望长江和长江对面的扬州古城，它的地理位置和观景效果是很好的。

需要说明的是，今天我们所看到的这个芙蓉楼，并非古代的芙蓉楼。古代的芙蓉楼是什么时候修建的？又是谁修建的呢？

《江南名城镇江》这本书讲，古代的芙蓉楼是东晋孝武帝时期（373—396）修建的，修建者是当时的南徐州刺史王恭，原址在京口月华山西北，也就是今天的镇江青云门鼓楼岗一带。

这个说法与历史文献的记载有些出入，南朝宋代刘损的《京口记》这本书讲：

> 其城吴初筑也。晋王恭为刺史，改创西南楼名万岁楼，西北楼名芙蓉楼。

所谓"城"，就是东吴建的最早的镇江城，当时叫"铁瓮城"。铁瓮城有一座"西南楼"，还有一座"西北楼"。所谓"改创"，就是改建，不是始建。这个记载表明，芙蓉楼在王恭任南徐州刺史之前就有了，在东吴时就有了，只是

©镇江芙蓉楼

不叫芙蓉楼,叫西北楼。王恭只是对西北楼加以改建,并把它改名为芙蓉楼而已。至于这座西北楼究竟是谁始建的,王恭为什么要改建它,并把它改名为芙蓉楼,现存的历史文献上都没有记载。

《京口记》的记载应该是可信的,唐宋时期的一些重要的历史地理文献如唐代李吉甫的《元和郡县图志》、北宋乐史的《太平寰宇记》、南宋王象之的《舆地纪胜》等,都引述了这条记载。

芙蓉楼的前身西北楼,就是东吴铁瓮城西北隅的一座城楼。东吴建了许多楼,如黄鹤楼、岳阳楼,最初都是东吴建的,都是一种军事性质的楼。隋唐以后,随着中国南北的统一,这些楼的军事性质就不复存在了,都成了一种观景楼。

唐代的芙蓉楼,是文人墨客观景、赋诗、宴客的一个很好的平台。唐代诗人王昌龄、丁仙芝、崔峒、鲍溶、陈陶等,都曾登临过芙蓉楼。这说明芙蓉楼的地理位置是很好的,它的观景效果也是很好的。

遗憾的是,这座芙蓉楼在南宋以后毁于战火,直到1992年才得到重建。重建的镇江芙蓉楼不在原址,即不在今天的青云门鼓楼岗一带,而是在今天的金山公园内。

玉壶冰心

镇江芙蓉楼是因为王昌龄的《芙蓉楼送辛渐》这首诗而知名的，如果没有这首诗，镇江芙蓉楼不可能有这么大的名声，也不可能重建。那么，这首诗究竟好在哪里呢？我们且看作品：

寒雨连江夜入吴，平明送客楚山孤。
洛阳亲友如相问，一片冰心在玉壶。

辛渐是王昌龄的朋友，关于他的事迹，文献上缺乏记载。这首诗大约写于唐玄宗天宝元年（742），王昌龄当时任江宁县丞。江宁县和芙蓉楼所在地的丹阳县一样，在唐代都属于润州管辖。江宁县在今天是南京市的一个区，丹阳县在今天则是镇江市的一个县级市。据推测，辛渐应该是去江宁看望王昌龄，然后王昌龄又陪着他从江宁到丹阳，最后在芙蓉楼为他饯行。

先看"寒雨连江夜入吴"这一句。"寒雨"就是秋雨，这秋雨不是别的地方的秋雨，而是"多雨的江南"的秋雨。这雨下得很大，不是那种淅淅沥沥的小雨。所谓"寒雨连江"，就是讲秋雨铺天盖地而来，和浩瀚的江水连在一起，给人一种茫茫然的感觉。这是王昌龄在芙蓉楼上和辛渐饮酒夜话时所看到的景象。这个景象是令人迷茫的。通过这个景象，可以联想到王昌龄当时的心情也是迷茫的。他们的话题可能不是那么轻松，至少讲到了自己这些年来的遭遇和委屈。

再看"平明送客楚山孤"这一句。"平明"就是天亮了。天亮了，雨也停了，朋友就走了。朋友走了之后，再看看远近的山峦，不再被雨雾所笼罩，显得很清晰。但是由于朋友走了，自己的心情是孤独的，因此觉得眼前的山也是孤独的，所以叫"楚山孤"。

"寒雨连江夜入吴，平明送客楚山孤"这两句中的"吴"和"楚"，从修辞上讲，是互文见义。也就是说，夜雨入吴，也入楚；楚山孤，吴山也孤。镇江这个地方在古代被称作吴头楚尾，既可称吴，也可称楚。

再看"洛阳亲友如相问"这一句。这一句表明，辛渐要去的地方是洛阳。王昌龄是长安人，亲友主要在长安，但是在洛阳也有亲友。这个好理解。不过这里还有一个背景需要介绍一下。在唐代，长安是首都，洛阳是陪都。长安人口多，漕运又不太方便，物资经常短缺，洛阳漕运方便，物资丰富。因此从唐太宗开始，就有唐高宗、武则天、唐中宗、唐睿宗、唐玄宗等多位皇帝经常从长安移驾洛阳。据有关学者统计，这几个皇帝在洛阳前后住了45年，其中唐玄宗就住了10年。王昌龄是唐玄宗时代的人，说不定在他送辛渐的这个时候，玄宗皇帝正在洛阳呢。由于皇帝经常在洛阳，王昌龄的那些在长安做官的亲友，也会有一部分跟着来洛阳，这是很自然的事。这些亲友在洛阳见到王昌龄的朋友辛渐，自然会向他了解王昌龄的近况。

"一片冰心在玉壶"这一句，是王昌龄通过辛渐向洛阳亲友表明心迹。用玉壶冰心象征自己冰清玉洁、光明磊落的品格，是中国古典诗文的一个传统。例如南朝著名诗人鲍照的《代白头吟》一诗就有这样两句：

直如朱丝绳，清如玉壶冰。

王昌龄在这里化用前人之意，提炼为"一片冰心在玉壶"，由此成为千古绝唱。

王昌龄委托辛渐给洛阳亲友带口信，既不讲自己在江宁的生活，也不讲自己在江宁的工作，只是表明自己的心迹，说自己像玉壶怀冰，表里澄澈，光明磊落，没有被官场上和社会上的不良风气所污染，这里面就有深意。

　　那么，是什么原因，使得王昌龄要这样表白自己呢？这就得讲讲他的遭遇了。

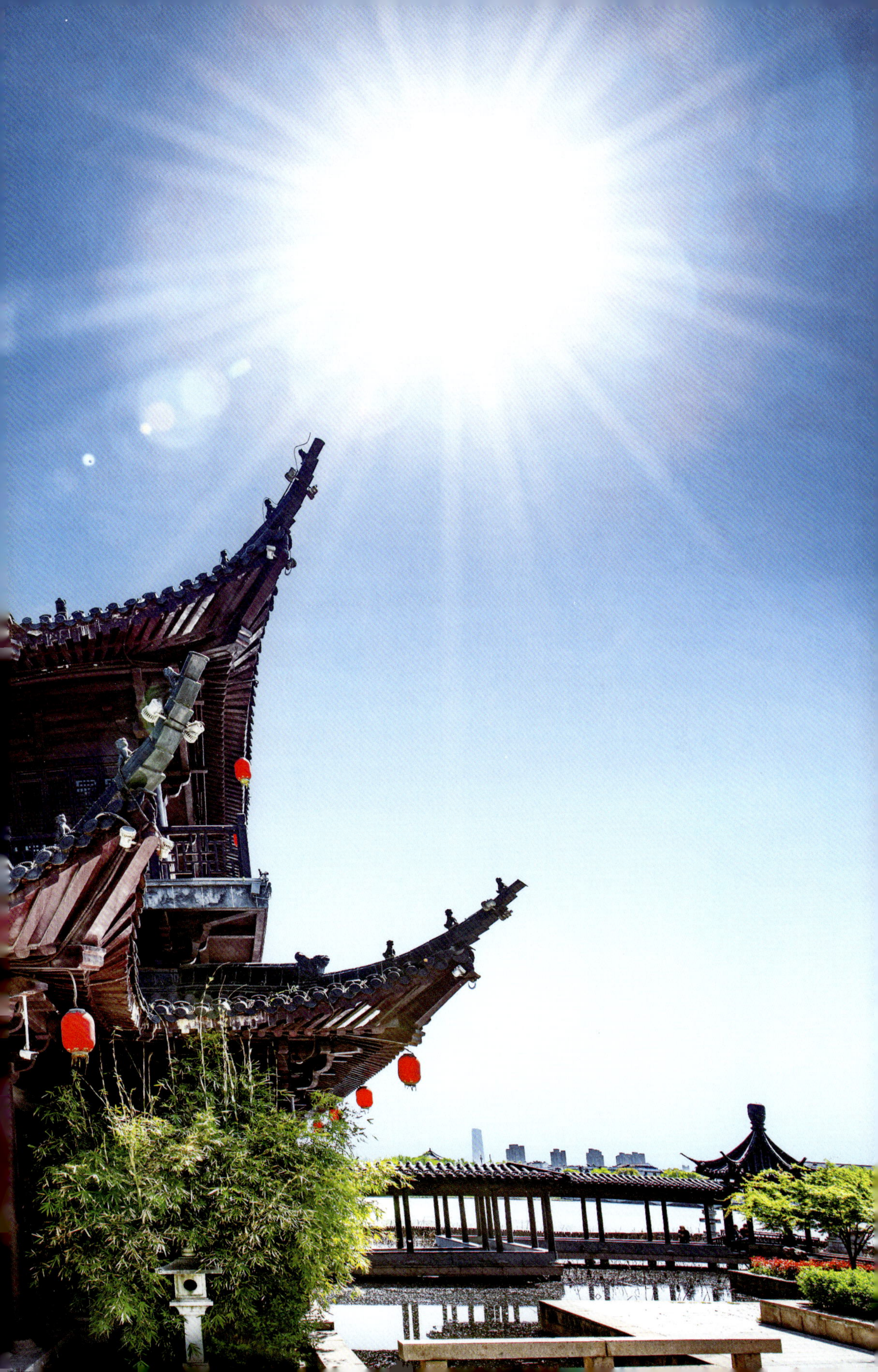

"诗家夫子" 两窜遐荒

王昌龄（694？—756？），字少伯，京兆万年（今陕西西安）人。他虽然是六朝名门望族琅琊王氏之后，但是这个家族早已衰落了，例如他的祖父、父亲那两代，就没有一个做官的。王昌龄的家境是很贫寒的。他的《上吏部李侍郎书》中有这样两句：

久于贫贱，是以多知危苦之事。

由于自己长期处于贫贱之中，因此对于人世间的危难、困苦之事，就知道得比较多，体会也比较深刻。

王昌龄早年在家乡一边种地，一边读书。30岁左右，他开始漫游西北边塞。有人讲，他的足迹可能到了西域碎叶城，也就是到了李白的出生地。他是唐代诗人中走"丝绸之路"走得最远的人。丰富的边塞生活经历与深刻而独特的感受，使他写下了许多脍炙人口的边塞诗，他是唐代最著名的边塞诗人之一。例如大家熟悉的《出塞》，就是他的代表作之一：

秦时明月汉时关，万里长征人未还。
但使龙城飞将在，不教胡马度阴山。

这首诗，被明代的著名诗人和诗歌评论家王世贞、胡应麟等人称为唐人七言绝句的"压卷"之作。（王世贞《艺苑卮言》卷四，胡应麟《诗薮》外编卷四）由于大家都很熟悉这首诗，我这里就不细讲了。

实际上，王昌龄不仅边塞诗写得很好，他的送别诗也写得很好，《芙蓉楼送辛渐》就是一个很好的例子。

王昌龄是唐代诗人中写七言绝句写得最好的三个人之一，另外两个是李白和杜牧。他的七言绝句，在唐宋以后一直成为人们学习的一个范本。王昌龄除了被称为"七绝圣手"，他还有一个非常著名的雅号："诗家夫子王江宁"。

唐玄宗开元十五年（727），王昌龄中进士，任秘书省校书郎，时年33岁。开元二十二年（734），中博学宏词科，任汜水（今河南省巩义市东北）县尉，时年40岁。开元二十七年（739）贬官岭南，时年45岁。（傅璇琮主编《唐才子传校笺》）

王昌龄由于什么原因贬官岭南，《旧唐书》和《新唐书》等官修史书都没有记载，文人笔记也没有记载。因此他为什么贬官岭南，就成了至今未解的一个谜。

我发现，在王昌龄现存的诗中，有这样一首诗，名叫《见谴至伊水》，其中有这样两句，可以部分地解释王昌龄贬官岭南的原因：

得罪由己招，本性易然诺。

所谓"本性易然诺"，就是为人豪爽，好说话，很容易承诺别人。但是结果呢？被别人害了，触犯了朝廷纲纪，贬官岭南。不过王昌龄很厚道，他认为，得罪是自己招的，怪不得别人。至于具体因为什么事情被什么人害了，贬官岭南的哪个地方，什么职务，等等，王昌龄都没有讲，史书中、同时代人的笔记和诗文作品中，都没有记载，我们不得而知。

王昌龄贬官岭南的途中经过襄阳，隐居在襄阳的著名诗人孟浩然接待了他，还为他写了一首《送王昌龄之岭南》，诗中有这样两句：

◎镇江芙蓉楼

> 已抱沉痼疾，更贻魑魅忧。

"沉痼疾"，就是沉疴痼疾，经久难愈的疾病。这个时候的孟浩然正在患"疾疹"，这是一种很顽固的皮肤病。"魑魅"，原指中国古代神话传说中的山神，也指山林中害人的鬼怪，引申为各种坏人。上一句是说，我已经被"疾疹"折磨了很久，现在又因你被坏人所害、贬官岭南而担忧。这就进一步证明：王昌龄贬官岭南，是被坏人所害。

好在问题并不严重。第二年，也就是开元二十八年（740），王昌龄就遇赦北归了。王昌龄北归途中，再次经过襄阳，再次去看望久病中的孟浩然。王士源的《孟浩然集序》写道：

> 开元二十八年，王昌龄游襄阳，时浩然疾疹发背，且愈，相得甚欢，浪情宴谑，食鲜疾动，终于治城南园。

"治城南园"，就是襄州州治襄阳的南园，孟浩然在襄阳的隐居地有两处，一是鹿门山，一是南园，都在山里，雨水多，湿气重，因此容易患"疾疹"。王昌龄遇赦北归再次经过襄阳时，孟浩然的"疾疹"快要好了，但是由于王昌龄遇赦北归，他由衷地高兴，陪王昌龄喝了许多酒，吃了许多鱼鲜，还在席上讲了许多笑话，兴奋过度，使得"疾疹"再次发作，无法救治了。享年52岁。

孟浩然为王昌龄遇赦北归饮酒食鲜而死，这说明了什么呢？说明他对王昌龄的感情特别真挚，他了解王昌龄的为人，知道王昌龄贬官岭南是被坏人所害，而王昌龄遇赦北归，则是朝廷还了王昌龄一个清白，因此他高兴，他不顾自己的"疾疹"刚好一点，陪王昌龄饮酒食鲜，开怀畅谈，使得旧病复发。

离开襄阳之后，王昌龄回到了长安。这一年的冬天，他被朝廷任命为江宁县丞，也就是江宁县的二把手。王昌龄贬官岭南之前是汜水县尉，遇赦北归之后任江宁县丞，县丞比县尉要大一点。县丞相当于今天的常务副县长，县尉相当于今天的县公安局局长。王昌龄的升职，也可以理解为是朝廷对他的一种安抚，说明之前贬他到岭南，是不明真相，委屈了他。

第二年初夏，王昌龄正式由洛阳赴江宁上任。为什么是由洛阳赴江宁呢？因为洛阳有亲友啊！他先回长安，向朝廷述职，等待朝廷的任命。朝廷的任命下来之后，他就先到洛阳去会亲友，然后才去江宁上任。可见洛阳亲友对于王昌龄来讲是很重要的。

正是在江宁任县丞的第二年秋天，也就是天宝元年的秋天，辛渐到江宁去看他，然后由丹阳（今江苏镇江）过江去洛阳，王昌龄就送他到丹阳，在芙蓉楼上为他饯行。这个时候，王昌龄离开洛阳亲友已有一年多时间，想必洛阳亲友一直都很牵挂他，担心他这一介书生在江宁这个陌生之地，会不会又被什么人所害，因此王昌龄就委托辛渐给洛阳亲友带个话：

洛阳亲友如相问，一片冰心在玉壶。

请你转告洛阳亲友，我还是我，冰清玉洁，表里澄澈，光明磊落。我过去没有、今后也不会做什么不光彩的事情，请亲友们放心。

但是，令辛渐和洛阳亲友都料想不到的是，王昌龄的人生再次发生重大变故：贬官龙标。

唐玄宗天宝六载（747）秋天，王昌龄接到诏令，由江宁县丞贬龙标县尉。这是他第二次贬官。上一次是贬官岭南，这一次是贬官龙标。岭南和龙标在当时都属于偏远的蛮荒之地，所以史书上说他是"两窜遐荒""再历遐荒"。

王昌龄贬官龙标的原因是什么呢？史书上说得很笼统，例如《新唐书·文艺传》说他：

不护细行，贬龙标尉。

所谓"不护细行"，就是不拘小节，在小节上出了问题，但是大节无亏。那么，究竟是在什么小节上出了问题呢？史书上都没有讲。我从唐代著名诗人常建的作品中，发现了王昌龄贬官龙标的大概原因。

王昌龄当时由江宁（今江苏南京）出发，溯江而上，经过鄂渚（今湖北鄂州）时，隐居在那里的诗人常建接待了他，请他喝酒，还送给他一首诗，诗名《鄂渚招王昌龄张偾》，诗中有这样两句：

谪居未为叹，谗枉何由分。

"谪居"，就是贬谪。"谗枉"，就是被谗言所冤枉。这两句诗的意思是说，"谪居"没有什么了不起，不必为之叹息，因为历朝历代都有

许多官员曾经"谪居"过，但是"谗枉"不一样，这是蒙受冤屈。"何由分"，就是难以分辩，没有机会解释。可见王昌龄这次贬官龙标，又是被人所害。

莫道弦歌愁远谪

洪江芙蓉楼

王昌龄八年之内"两窜遐荒",舆论为之哗然,诗坛为之震动。"诗仙"李白听到"诗家夫子"王昌龄再次贬官的消息,简直忧伤不已。他写了一首非常有名的诗,叫《闻王昌龄左迁龙标遥有此寄》:

杨花落尽子规啼,闻道龙标过五溪。
我寄愁心与明月,随君直到夜郎西。

"左迁",就是贬官。县丞一般是从八品,县尉一般是从九品,相差一个等级。还有一点,唐代的县有"赤、畿、望、紧、上、中、下"七个等级,江宁县是紧县(四等),龙标县是上县(五等),也是相差一个等级(李吉甫《元和郡县图志》)。所以王昌龄由江宁县丞到龙标县尉,无论是从官阶上讲,还是从州县等级上讲,都属于"左迁"。

在李白这首诗中,"龙标"这个名词出现了两次,但是意思有所不同。诗题中的"龙标"是指龙

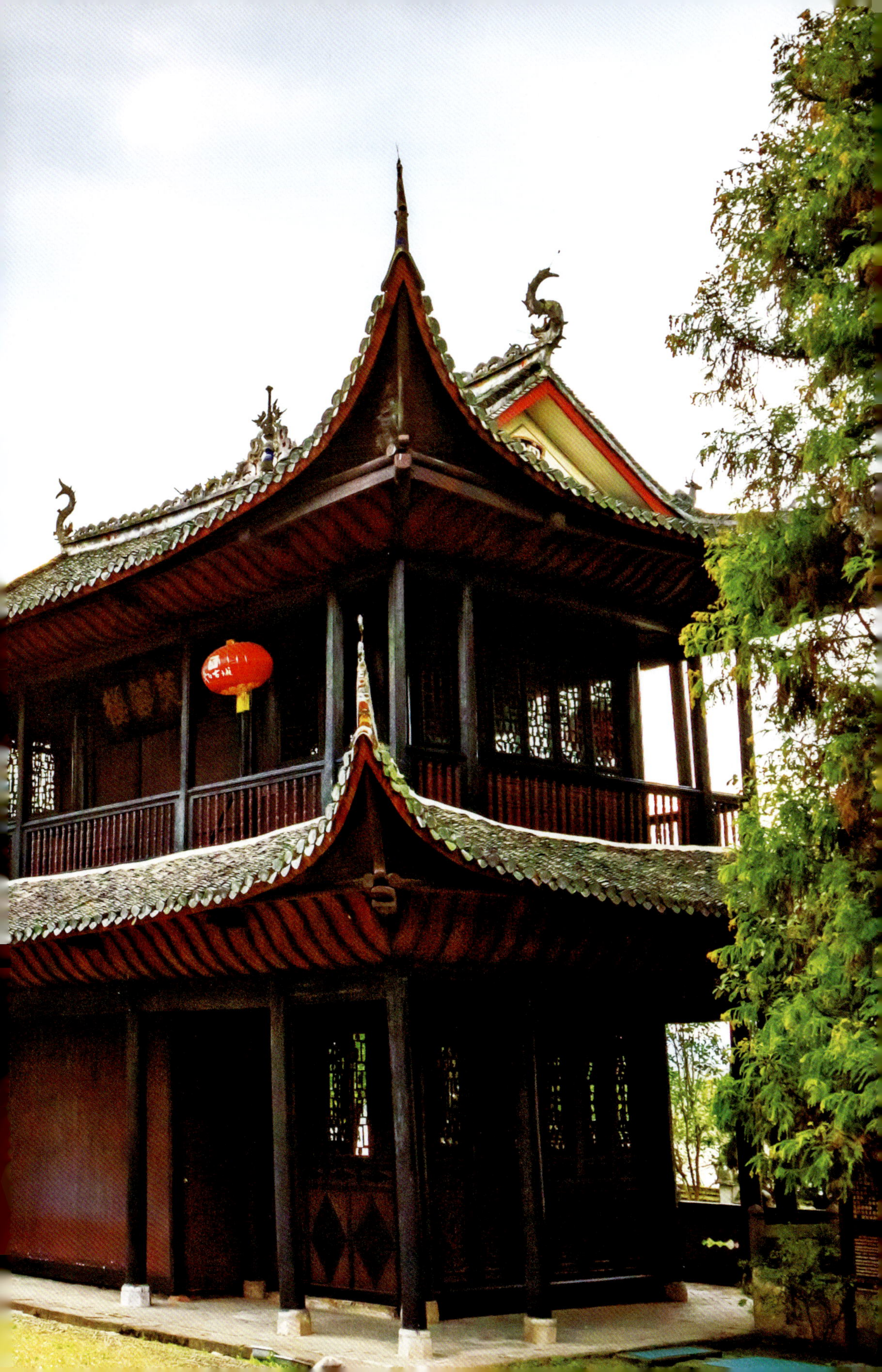

标县，诗句中的"龙标"是指王昌龄。由于王昌龄贬官龙标县尉，人们就称他"王龙标"，就像他曾经当过江宁县丞，人们称他为"王江宁"一样。李白在这里直接称他"龙标"，省略了一个"王"字，是因为七言绝句的字数有限。

王昌龄是天宝六载（747）的秋天贬官龙标的，李白当时在会稽（绍兴）。等到他得知这个消息时，已经是第二年的春夏之交了，也就是"杨花落尽子规啼"了。这个时候，王昌龄早已离开江宁，溯江而上，过了五溪了。

"五溪"，是沅水的五条支流。关于"五溪"历来有不同的说法，根据郦道元《水经注》的说法，也是最早、最权威的说法，是指雄溪、㵲溪、潕溪、酉溪和辰溪。实际上，沅水并不只这五条支流，所谓"五溪"，不过是沅水众多支流的一个代称。过了"五溪"，就意味着到了龙标县，也就是今天的湖南省洪江市。今天的洪江市城区，正处在潕溪、㵲溪和沅水的汇合之处，当地人称潕溪为舞水，称㵲溪为清水江。

李白这首诗的意思是说，我得知你贬官龙标的消息时，你已经过了五溪，到了龙标了。我只有把我这颗忧愁的心寄给明月，让明月捎去我对你的问候，也就是当代流行歌曲所唱的那样，"月亮代表我的心"。

还需要解释一下的是"夜郎西"这三个字。在古代，既曾有过夜郎国，也曾有过夜郎县。夜郎国，是汉武帝元鼎六年（前111）以前我国西南地区的一个古国，它的范围，相当于今贵州西北、云南东北及四川南部地区。汉武帝元鼎六年以后，这个古国就不存在了，被汉朝统一了。夜郎县是唐代设置的，有两个：一个是珍州夜郎县，在今贵州省遵义市正安县境内；一个是业州夜郎县，在今湖南省怀化市新晃侗族自治县境内。这两个夜郎县都在巫州龙标县的西边，其中业州夜郎县离龙标最近。李白把龙标说成在"夜郎西"，显然是搞错了，因为他毕竟没有去过夜郎。"安史之乱"爆发之后，李白做了永王李璘的幕僚，后来李璘闹分裂，被杀头，李白也受到连累，被流放夜郎，但是走到白帝城时，遇赦，没有去成。当然，这是后话。事实上，无论是就汉武帝元鼎六年以前的那个夜郎国来讲，还是就唐代的那两个夜郎县来讲，龙标都在夜郎东，不是在"夜郎西"。有学者认为：这里的"夜郎西"就是指龙标，用一个"西"字，一是泛指龙标就在夜郎附近，一是为了押韵［郁贤皓校注《李太白全集校注》（四）］。如果这样理解，也说得过去。

唐代的人，凡是没有到过夜郎的，都把夜郎想象得很荒凉、很落后。李白呢，居然还把龙标理解为"夜郎西"，那岂不是更荒凉、更落后吗？因此他对好友王昌龄的贬官龙标，确实是非常担忧的。

那么，王昌龄到了龙标之后，实际状况又如何呢？这既是李白、常建等著名诗人所关心的问题，也是千千万万的王昌龄粉丝所关心的问题。

一个人到了一个陌生的地方，状况如何？既要看当地的环境，更要看本人的心态。如果心态好，环境再陌生，也可以去适应它，也可以随遇而安。苏轼的《定风波》有这样一句："此心安处是吾乡"，就是这个道理。

事实上，王昌龄到了龙标之后，悲愁肯定是有的，但是并没有到悲不自胜的地步。请看他的这首《龙标野宴》：

> 沅溪夏晚足凉风，春酒相携就竹丛。
> 莫道弦歌愁远谪，青山明月不曾空。

"沅溪"，就是沅水。龙标县城三面环水，舞水由北而来，清水江由西而来，都在龙标县城也就是在今天的洪江市黔阳古城汇入沅水。

这个地方的气候条件很好，冬无严寒，夏无酷暑，夏天的早晚都很凉爽。2018年8月中旬，正是广州最热的时候，为了考察洪江芙蓉楼，我去过一次黔阳古城，也就是唐代的龙标县城。芙蓉楼就在黔阳古城里。我住在黔阳古城的一家"客栈"里，白天和晚上都不用开空调，比广州凉快多了。因此王昌龄讲"沅溪夏晚足凉风"，可以说是很真实的。

"春酒"，就是那种冬酿春熟的酒。这个地方的楠竹也很多。看过了芙蓉楼之后，我就去看著名的"洪江古商城"。这是一座保存完好的清代古商城，在历史上有"湘西明珠"和"小

南京"之称。从芙蓉楼到洪江古商城，大约有30华里。我沿着沅水往下游走，一路所见都是楠竹。同行的当地人士告诉我，这里的楠竹历来很多，号称"万亩竹林"，但是他又强调，其实远远不止万亩，至少也有四万亩。因此，王昌龄讲"春酒相携就竹丛"，就是携带春酒去竹林里野餐，也是很真实的。

◎黔阳古城

"莫道弦歌愁远谪,青山明月不曾空。""弦歌",就是用琴瑟等弦乐器伴奏歌唱。王昌龄和当地朋友在夏天的晚上携着春酒,去竹林里野餐,酒酣之际,他就开始弦歌。他对朋友说,不要以为我的弦歌里有"远谪"的忧愁,我在龙标,既有青山明月相伴,又有春酒、竹林和朋友相伴,哪里还有什么"远谪"之愁呢?

正是怀着这种达观而积极的心态，王昌龄在龙标生活了八年。他为老百姓做了许多好事，当地人称他为"仙尉"。所谓"仙尉"，就是神仙一样的县尉。当地的地方志则把他列入"名宦"，例如清朝雍正年间编纂的《黔阳县志》里就有这样一段记载：

> 王昌龄，自江宁丞谪龙标尉。……为治以宽，政善民安，暇多赋诗，祀名宦。

为政从宽，善待百姓，保境安民，又会写诗。这就是古人心中的"名宦"，也是今天的老百姓所喜爱的官员。

在湘西一带，至今流传着许多关于王昌龄的故事，例如"苍头拾叶""峒蛮乞诗""苗女听歌""佳句退兵"等。我在洪江调研的时候，当地人士送我一本《爱国诗人王昌龄传奇》，这本书一共写了王昌龄的24个故事，其中发生在龙标的故事就有13个，每一个故事都是讲王昌龄通过写诗来为老百姓排忧解难的，都具有传奇色彩。

© 《爱国诗人王昌龄传奇》书影

正因为故事多了，他就活成了一个故事。在当地老百姓心中，他成了一个"仙尉"，成了一个神。例如在黔阳古城就有一尊高大的王昌龄石雕像，上面贴了许多红纸条，红纸条上写的都是祈求王昌龄保佑儿女健康成长的话。

至于当地文人学士写的赞美王昌龄的诗歌、对联和碑文，那就更多了，这里不再细述。

©王昌龄石像

亳州遇害

天宝十四载（755）冬天，"安史之乱"爆发，王昌龄离开了龙标，再一次被人所害。这一次被人所害，就不再是贬官了，而是丢了一条性命。

《新唐书·文艺传》是这样讲的：

> 以世乱还乡里，为刺史闾丘晓所杀。

闾丘晓当时任亳州刺史，亳州就是今天的安徽省亳州市。王昌龄家在长安，他既是"还乡里"，怎么会去亳州呢？有人讲，当时长安已经沦陷，王昌龄回不了长安，只有去江淮一带避难。问题是，江淮一带有许多州郡，他为什么偏偏去了亳州呢？又因为什么事情得罪了刺史闾丘晓呢？史书上都没有记载，因此到今天都是一个谜。

但是，闾丘晓杀害了王昌龄，这是可以肯定的。据《旧唐书》《新唐书》和《资治通鉴》等官修史书记载，唐肃宗至德二载（757），宰相张镐兼任河南节度使，讨伐安史叛军。张镐刚刚出发，就得知宋州的州治睢阳（今河南省商丘市睢阳区）被安史叛军围困，守将张巡和许远孤军奋战，形势非常危急。张镐日夜兼程，同时紧急命令亳州刺史闾丘晓出兵救宋州。因为亳州就在宋州的南边，紧挨着宋州，这两个州都属于河南道。但是闾丘晓这个人，不仅刚愎自用、脾气暴戾、对部下刻薄寡恩，而且私心很重。他担心打不过围困睢阳的安史叛军，最后会连累到自己，于是就故意拖延进军。张巡和许远在内无粮草、外无援兵的情况下死守睢阳，前后交战 400 余次，虽然有效地阻遏了叛军南下之势，保障了东南地区的安全，但是最后还是因粮草断绝，士卒死伤殆尽，睢阳沦陷，张巡本人也壮烈牺牲。张镐得知这一消息之后，非常愤怒，下令杖杀闾丘晓。《新唐书·文艺传》接着写道：

> 张镐按军河南，兵大集，晓最后期，将戮之，辞曰："有亲，乞贷余命。"镐曰："王昌龄之亲，欲与谁养？"晓默然。

这一段记载至少说明了四个问题：第一，王昌龄是被闾丘晓杀害的；第二，闾丘晓杀害了名满天下的诗人王昌龄，引起官民共愤；第三，闾丘晓在睢阳被围的紧急情况下，故意拖延进军，见死不救，绝对不是一个好官；第四，张镐与王昌龄并无私交，他对王昌龄之死愤愤不平，说明王昌龄死得冤枉。

洪江芙蓉楼

王昌龄被闾丘晓杀害的消息是什么时候传到龙标的？我们不得而知。但是我们可以想象，当这个不幸的消息传到龙标时，当地人是如何的震惊，如何的悲痛，如何的哀悼，如何的缅怀。

正是为了缅怀王昌龄，为了"旌先贤而励后昆"，洪江人修建了芙蓉楼。

那么，最早的洪江芙蓉楼是什么时候修建的？修建在什么地方？又是什么人修建的呢？

据当地文献记载，清顺治元年（1644），黔阳举人向文焕写过一篇《临江楼记》，其中有这样一段话：

> 金鳌山多橘柚，旧有楼曰临江，少伯日登临之，赋诗自娱，命苍头拾败叶为炊，则金鳌龙标间自有楼在。

这段话表明，早在唐代，在龙标县城东边的金鳌山下，就有一座临江楼，王昌龄当时就经常在这座楼上赋诗自娱。对照王昌龄的有关作品，我认为向文焕的记载是可信的。例如在王昌龄的诗集中，就有一首《送魏二》，其中有这样两句：

> 醉别江楼橘柚香，江风引雨入舟凉。

这个"江楼"，就是向文焕所讲的临江楼，在县城东边，背靠金鳌山，面临沅水。"橘柚

©洪江芙蓉楼

香",是指金鳌山上种了许多橘子和柚子,果香扑鼻。橘子和柚子是两种水果,橘子小,柚子大。橘子和柚子杂交,就是橙子。今天的洪江市是中国冰糖橙的原产地,冰糖橙被誉为"橙之极品"。由王昌龄的这句诗,我们可以得知洪江种橘柚的历史是很悠久的。

正是王昌龄的这首《送魏二》和向文焕的这篇《临江楼记》,启发了黔阳县令叶梦麟。清乾隆四十年(1775),叶梦麟"于东城外建亭",也就是在王昌龄经常"赋诗自娱"的那个临江楼的遗址上,修建了一座芙蓉亭(张其雄《芙蓉楼记》)。这座芙蓉亭就是洪江芙蓉楼的前身。

我在洪江调研的时候,专门去过洪江市区东边的金鳌山麓,我想探访一下唐代临江楼和清代芙蓉亭的遗址。但是很遗憾,当地人士告诉我,由于有关部门在沅水上游修建了一座水电站,临江楼和芙蓉亭的遗址已经被水淹没了,我所看到的是山坡上的一块番薯地。不过我也有一个意外的收获,就是看到金鳌山下有一口水井,有几个居民正挑着水桶去打水。当地人士告诉我，王昌龄当年在临江楼上"赋诗自娱"时，有一个苍头（头上包着青色头巾的老军人）就在山上捡枯枝败叶，在这口井里打水，给王昌龄煮饭。

清嘉庆二十年（1815），黔阳县令曾钰认为城东的芙蓉亭地势低洼，面积狭小，周围又缺乏山水林木之胜，于是就在城西的香炉岩新建一座芙蓉楼（曾钰《新修芙蓉楼碑记》），这就是最早的洪江芙蓉楼。

综合以上文献考证和田野调查的结果，我们可以得出三点结论：

第一，洪江芙蓉楼的历史，最早可以追溯到清乾隆四十年（1775）黔阳县令叶梦麟在唐代临江楼的旧址修建的那个芙蓉亭。有人把洪江芙蓉楼的历史追溯到唐肃宗乾元元年（758），也就是王昌龄不幸遇害的第三年，说洪江芙蓉楼有1200多年的历史，这是没有任何根据的。

第二，叶梦麟修建的那个芙蓉亭，可以视为洪江芙蓉楼的前身，但是地理位置不一样。芙蓉亭在城东的金鳌山下，芙蓉楼则在城西的香炉岩。

第三，王昌龄在龙标置酒送客、赋诗自娱的那个楼，是唐代就有的临江楼，不是芙蓉楼。那个时候的洪江没有芙蓉楼。真正的洪江芙蓉楼，是在清嘉庆二十年（1815），由当时的黔阳县令曾钰主持修建的。

曾钰修建的这个芙蓉楼，地理位置是相当好的。在曾钰写的《新修芙蓉楼碑记》里，有这样几句话：

背廓临江，依林踞阜，轩豁呈露，洵胜境也。

"廓"，就是城廓，也就是我们今天还能见到的黔阳古城；"江"，就是舞水；"阜"，就是土山；"轩豁呈露"，就是开阔、敞亮、高大、气宇不凡；"洵胜境也"，确实是一个胜境，也就是人们所讲的"楚南第一胜境"。

嘉庆二十年（1815）以后，洪江芙蓉楼先后经过六次扩建和维修，

可以说是不断地丰富，不断地完善。2013 年，洪江芙蓉楼被列为全国重点文物保护单位。

如果我们想亲自领略洪江芙蓉楼的风采，可以坐高铁到湖南怀化，再坐 40 分钟的汽车，就到了黔阳古城。从黔阳古城的西门出来，沿着舞水上行数百步，就会看到路边有一块巨石，这就是香炉岩。走过香炉岩，抬头一望，就是一个造型别致的门楼，上书"龙标胜迹"四个大字。走进门楼，就可以看到一座重檐歇山顶的两层建筑，朱红圆柱，飞檐翘角。这就是洪江芙蓉楼。

芙蓉楼的后边是芙蓉池，芙蓉池的后边是半月亭，半月亭的左边是玉壶亭，右边是耸翠楼。耸翠楼的后边，就是 50 多米长的碑廊，碑廊里刊有 80 多块历代名人书法手迹。整个芙蓉楼景区，就是由门楼、主楼、池、亭、碑廊、城墙、古树等构成的一个艺术整体。

在整个芙蓉楼景区，给人印象最深的可以说是玉壶亭。这是一个古

◎龙标胜迹

◎洪江市公路两旁的"玉壶"灯饰

色古香、飞檐翘角的亭子，亭内有一块石碑，碑上刻着一把玉壶，这把玉壶实际上就是篆体书写的"一片冰心在玉壶"这七个字，非常巧妙。书写者是清代临桂籍状元龙启瑞。

这个篆体书写的玉壶，就成了洪江市的一张文化名片。在洪江市的每一根路灯杆上，都挂着这样一盏红色的玉壶。初看像中国结，细看则是一把篆体书写的玉壶。一到夜晚，熠熠生辉，红遍了整个城市。

"一片冰心在玉壶"，可以说是王昌龄留给洪江人、留给镇江人、留给所有中国人的最为宝贵的精神财富。我们中国人常常讲：修身、齐家、治国、平天下。"一片冰心在玉壶"讲的是什么呢？就是"修身"二字。为人要光明磊落，表里如一。只有"修身"合格，才有可能"齐家"；只有"齐家"合格，才有可能"治国""平天下"。

寒山寺钟楼

姑苏城外寒山寺

寒山寺钟楼上

唐代诗人张继写过一首《枫桥夜泊》：

月落乌啼霜满天，江枫渔火对愁眠。
姑苏城外寒山寺，夜半钟声到客船。

这是一首非常有名的诗。因为这首诗，寒山寺和寒山寺钟楼也跟着出名了。

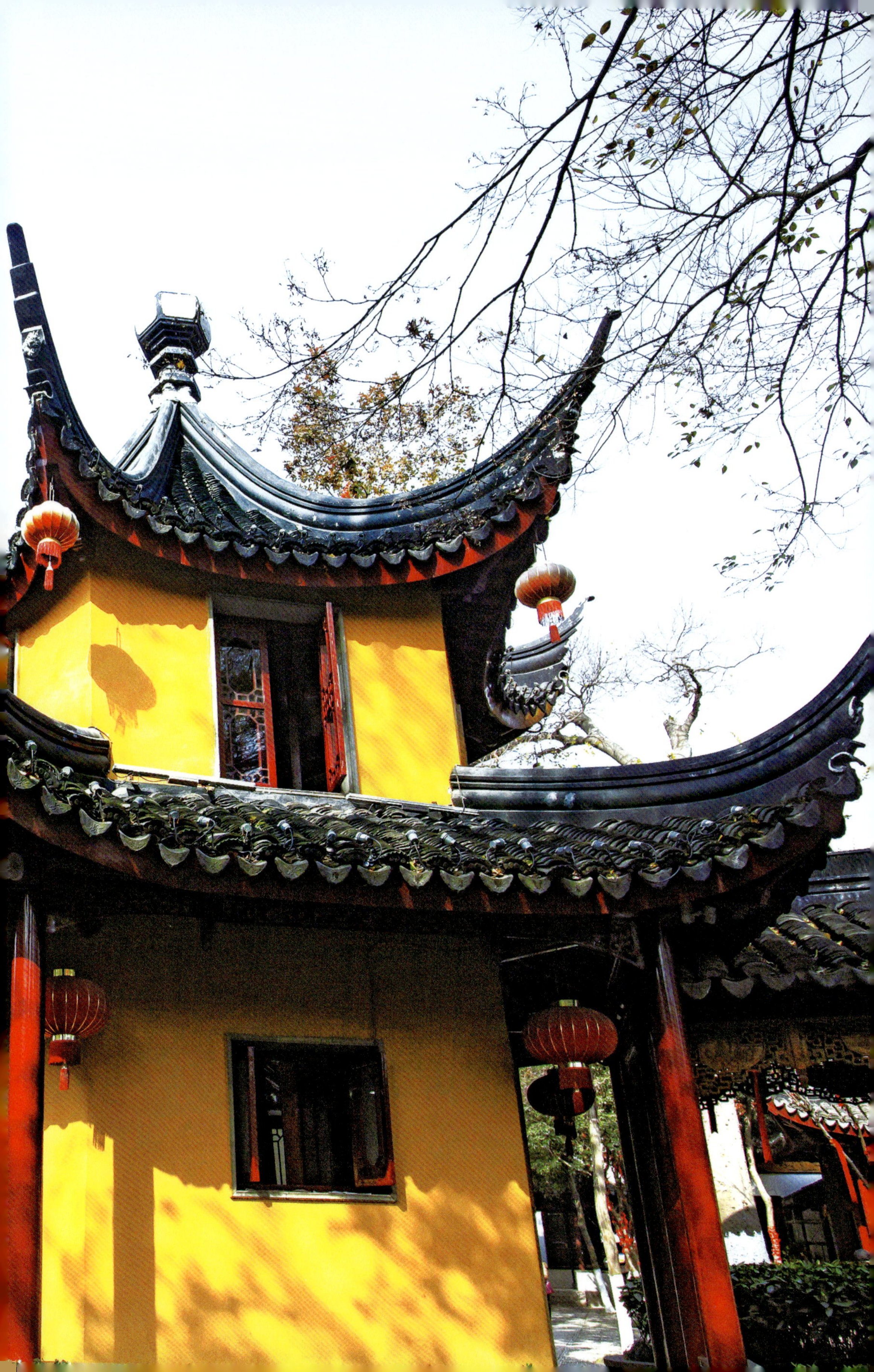

寒山寺与寒山子

寒山寺，坐落在苏州市姑苏区境内的古运河边上。从苏州阊门出来，往西走10来里，就到了寒山寺。

寒山寺始建于南朝梁代天监年间（502—519），最初叫"妙利普明塔院"，后来才叫寒山寺。

寒山寺是因何得名的呢？有这样一个说法：相传唐太宗贞观年间，寒山子曾经在此居住，因此就叫寒山寺。这是比较流行的一个说法，但是也有人表示怀疑。

为了探讨这个问题，还得讲一讲寒山子这个人。

寒山子是唐代的一位诗人，《全唐诗》收

◎寒山寺

录了他的312首诗。他的诗都是用当时的白话写的，不拘格律，直抒胸臆，清新自然，涉笔成趣。早在元代就传入日本和朝鲜。20世纪50年代以后，又被译成日文、英文和法文，在欧美国家的影响很大，甚至超过了李白杜甫。寒山子的为人也很独特，可以说是"似儒似道又似佛""非儒非道又非佛"。在民间，人们把他与拾得和尚并称为"和合二仙"。清雍正十一年（1733），朝廷正式封寒山、拾得为"和合二圣"。但是这个人究竟姓甚名谁，无论正史还是野史，都没有记载。

据有关学者考证，寒山子是咸阳（今陕西咸阳）人，大约生于唐玄宗开元十四年（726）。(何善蒙《寒山子考证》)早年家境富裕，本人又聪明好学，受过系统的儒家经典教育，热衷于功名，但是运气不佳。他曾三次参加礼部的考试，才终于考上了，有了出身，但是后来连续四次参加吏部的考试，都因其貌不扬，颜值不高，没被录取。礼部的考试相当于今天教育部的考试，吏部的考试相当于今天组织部的考试。用今天的话来讲，就是寒山子有学历、有学位，但是没有官职。后来由于遭受一系列的家庭变故，兄长败家，父母病亡，妻儿离散，加上仕途无望，寒山子的思想发生了很大的转变，他放弃了儒家兼济天下的理想，不再寻求功名，转而寻求隐逸。

◎寒山拾得图

35 岁左右的时候，寒山子到了天台翠屏山，过上了一种亦耕亦隐的生活。他在这里重建了家庭，又有了妻儿。在这期间，他曾经两次出门问道和问禅，但时间都不长。寒山子在天台翠屏山生活了 30 年，后来由于生活贫困，妻儿先后离世，他也离开了翠屏山，到了寒石山。这个寒石山，就在今浙江省天台县街头镇附近。

　　正是到了寒石山之后，他才自号寒山子。寒山子在寒石山的时候，与天台国清寺的丰干和拾得这两位僧人来往较多。丰干是天台国清寺的一位禅师，拾得是丰干从外边捡回来的一个孤儿，后来被安排在伙房里烧火煮饭。宋人释道元的《景德传灯录》一书是这样描写寒山子的：

　　　　容貌枯悴，布襦零落，以桦皮为冠，曳大木屐。时来国清寺就拾得，取众僧残食菜滓食之。

　　　　或廊下徐行，或时叫噪，望空谩骂。寺僧以杖逼逐，翻身拊掌大笑而去。虽出言如狂而有意趣。

　　后来丰干去世，拾得也离开了国清寺。拾得离开国清寺之后，寒山子再也没有去过国清寺。他一直隐居在寒石山，直到唐文宗大和四年（830）九月十七日去世，享年 104 岁。（何善蒙《寒山、寒山诗与寒山热》）

　　寒山寺是怎么和寒山子接上关系的？直到今天都是一个谜。明朝有一位叫姚广孝（1335—1418）的僧人，法号道衍，苏州人，后来做了明成祖朱棣的军师，是有名的"黑衣宰相"。他在永乐十一年（1413）应寒山寺的深谷昶禅师之请，写过一篇《寒山寺重兴记》。他在这篇记里说：

　　　　唐元和间，有寒山子者，不测人也……来此缚茅以居。寻游天台寒岩，与拾得、丰干为友，终隐入岩石而去。希迁禅师于此创

建伽蓝，额曰"寒山寺"。

但是参考当代学者的有关研究成果，他的这个说法存在两个问题：

第一，唐宪宗元和年间（806—820），寒山子已经是80岁以上的老人了，这个时候他正在天台寒石山隐居，是什么原因使他离开天台寒石山而到苏州枫桥"缚茅以居"呢？

第二，早在唐宪宗元和之前，希迁禅师就去世了。（钱学烈《寒山子与苏州寒山寺》）一个已经去世的人，怎么可能为后来者修建寺庙呢？

可见姚广孝的这个说法至少在时间上是禁不住推敲的，难以让人信服。不过姚广孝的这篇《寒山寺重兴记》有一点还是可信的，这就是明永乐三年（1405），深谷昶禅师募集资金，在寒山寺建殿堂，供奉寒山、拾得、丰干的雕像。

◎寒山寺内的寒拾殿

寒山寺与枫桥寺

学术界有一种说法,就是认为唐代的"姑苏城外"并没有寒山寺,只有枫桥寺。

我认为,这个说法是禁不住推敲的。在《全唐诗》中,除了张继的《枫桥夜泊》写到寒山寺,还有韦应物的《寄恒璨》、方干的《途中言事寄居远上人》也写到寒山寺,这三首诗中的寒山寺,都是指姑苏城外的寒山寺。

以韦应物的《寄恒璨》这首诗为例。韦应物于唐德宗贞元四年至七年(788—791)任苏州刺史,人称"韦苏州"。他的《寄恒璨》这首诗就是在苏州刺史任上写的:

心绝去来缘,迹断人间事。
独寻秋草径,夜宿寒山寺。
今日郡斋闲,思问楞伽字。

有人讲,韦应物写的这个寒山寺,不是苏州的寒山寺,而是滁州的琅琊寺;"夜宿寒山寺"的人也不是韦应物,而是滁州琅琊寺的僧人恒璨。

我认为,这样解释是错误的。滁州琅琊寺,又叫宝应寺,并不叫寒山寺。实际情况是,韦应物之前做过滁州刺史,跟滁州琅琊寺的僧人恒璨很要好,这首诗就是他到苏州任刺史之后写给恒璨的。所谓"郡斋",就是郡守的日常起居之处。意思是说,今天郡斋很清闲,没有公务,于是我就去寒山寺住了一晚。为什么要去

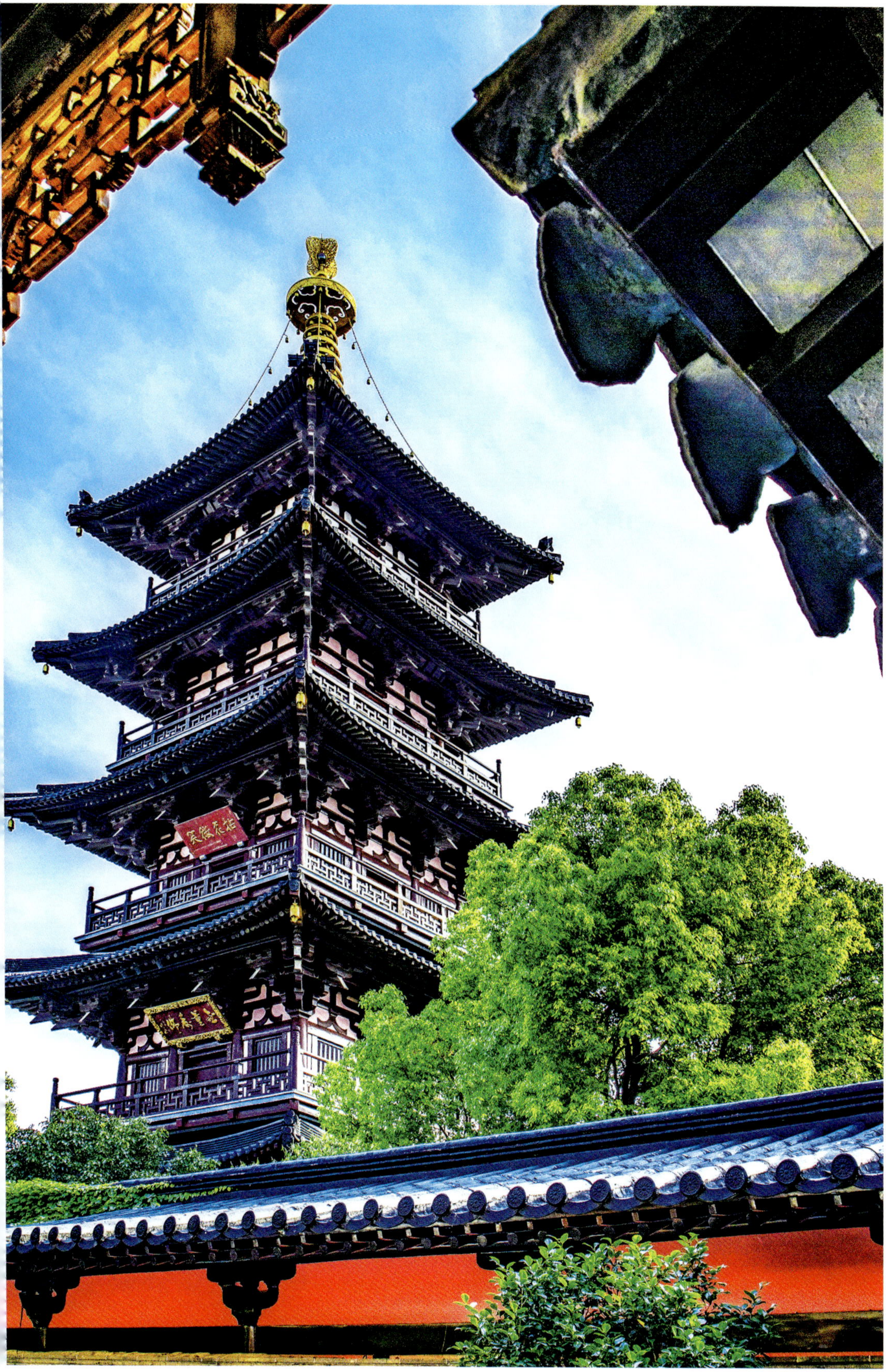

寒山寺住一晚呢？就是为了研究佛经，所谓"思问楞伽字"。"楞伽"，就是《楞伽经》。如果"夜宿寒山寺"的人不是韦应物，而是恒璨，那么"今日郡斋闲"这一句跟他又有什么关系呢？难道和尚的起居之处也叫"郡斋"吗？

学术界还有人认为，张继《枫桥夜泊》一诗中的"寒山寺"不是专指某一座寺庙，而是泛指"寒山上的寺庙"，这个说法也是禁不住推敲的。在中国古典诗词中，"寒山""寒江"等都可以泛指，但是说"寒山寺"也可以泛指，似乎没有先例。

张继诗中的"姑苏城外寒山寺"是一个真实的存在，有韦应物、方干的诗为证，这一点是不用怀疑的。需要说明的是，宋代以后，寒山寺还有另外两个名字：

一是"普明禅院"，这是北宋嘉祐年间（1056—1063）仁宗皇帝御赐的名字。

二是"枫桥寺"，这也是宋代才出现的一个名字。例如宋人叶梦得（1077—1148）的《石林诗话》讲：

> "姑苏城外寒山寺，夜半钟声到客船。"此唐张继题城西枫桥寺诗也。

宋人范成大的《吴郡志》也记载说：

> 普明禅院，即枫桥寺也。在吴县西十里，旧枫桥妙利普明塔院也。

叶梦得曾经在苏州生活过，范成大就是苏州人，他们的记载是可信的。也就是说，宋代人所讲的枫桥寺，其实就是寒山寺，也就是妙利普明塔院或者普明禅院。

寒山寺钟楼与大钟

寒山寺在历史上曾经五次被火烧毁,还有人说是七次。现在我们所看到的寒山寺是清光绪三十二年(1906)重建的。

寒山寺的主要建筑有山门、大雄宝殿、藏经楼、碑廊、钟楼、枫江楼等,黄墙、碧瓦、红柱,绿树掩映,古朴雅致,一派江南园林的风韵。

寒山寺钟楼是一座木结构的二层小楼,黄墙,碧瓦,六角攒尖顶。这个建筑也是很独特的。

在寒山寺钟楼里,悬挂着一口近两吨重的大钟,有一人高,外围很大,需要三人合抱。

据介绍,寒山寺钟楼的这口大钟已经不是

◎寒山寺钟楼

©寒山寺钟

唐代的那口古钟了，唐代的那口古钟早已失传。明嘉靖（1522—1566）初年，有一位叫本寂的和尚重铸了一口大钟。遗憾的是，本寂和尚重铸的这口大钟后来也失传了。有人说是流落到了日本。

日本有一位非常热爱中国文化的诗人和画家，叫山田寒山（1856—1918），自称"中国寒山寺僧"。此人于光绪二十三年（1897）访问中国时，来过寒山寺，他听说钟楼的大钟流入日本后，就回国四处寻找，但是找了很久也没找到，于是他就募集资金，在清光绪三十二年（1906）铸造了两口仿唐青铜乳头钟，一口送归寒山寺，另一口悬挂在日本馆山寺。

山田寒山寻钟、铸钟、赠钟的事，在中日文化交流史上是很有影响的，当时的日本首相伊藤博文还专门为此写了一篇文章，名为《赠钟因缘》，文章说：

姑苏寒山寺，历劫年久；唐时钟声，空于张继诗中传耳。尝闻寺钟传入我邦，今失所在。山田寒山搜索甚力，而遂不能得焉。乃将新铸一钟赍往悬之。

山田寒山赠送的仿唐青铜乳头钟，曾经悬挂在寒山寺大殿右侧，后来收藏起来了。

据《寒山寺志》记载，本寂和尚铸造的那口大钟流入日本的说法，其实是一个误会。明嘉靖三十三年（1554）六月，倭寇进犯苏州，自阊门至枫桥，又烧又抢，"焚掠殆遍"。为了抗击倭寇，当地人就把本寂和尚铸造的这口大钟销毁，铸成了大炮。但是许多人不知真相，还以为真的流入日本了。

清光绪三十二年（1906），也就是日本山田寒山赠送大钟的那一年，江苏巡抚陈夔龙主持重修寒山寺和钟楼，并重新铸造了一口黝黑大钟，钟身高1.2米，钮高0.3米，口径1.082米，重约2吨。这就是我们今天看到的悬挂在寒山寺钟楼里的这口大钟。这口大钟至今也有100多年历史了，也是一件重要文物。

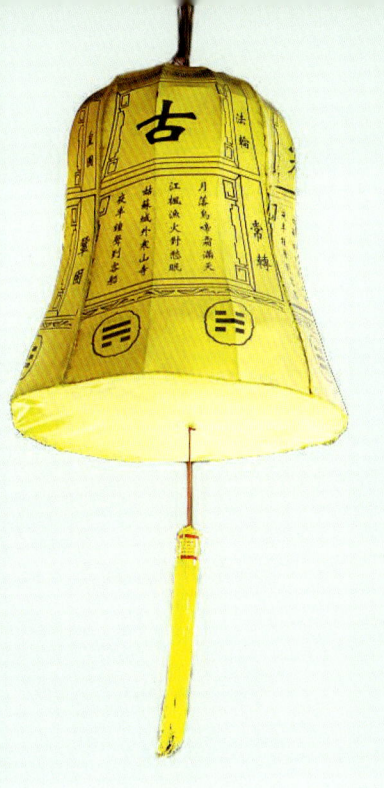

◎寒山寺内装饰

夜半钟声到客船

寒山寺钟楼下

寒山寺也好，寒山寺钟楼也好，寒山寺钟楼的大钟也好，都是很有名的。寺是名寺，楼是名楼，钟是名钟。它们之所以有这么大的名气，主要不是因为寒山子这个人，而是因为唐代诗人张继的《枫桥夜泊》这首诗。

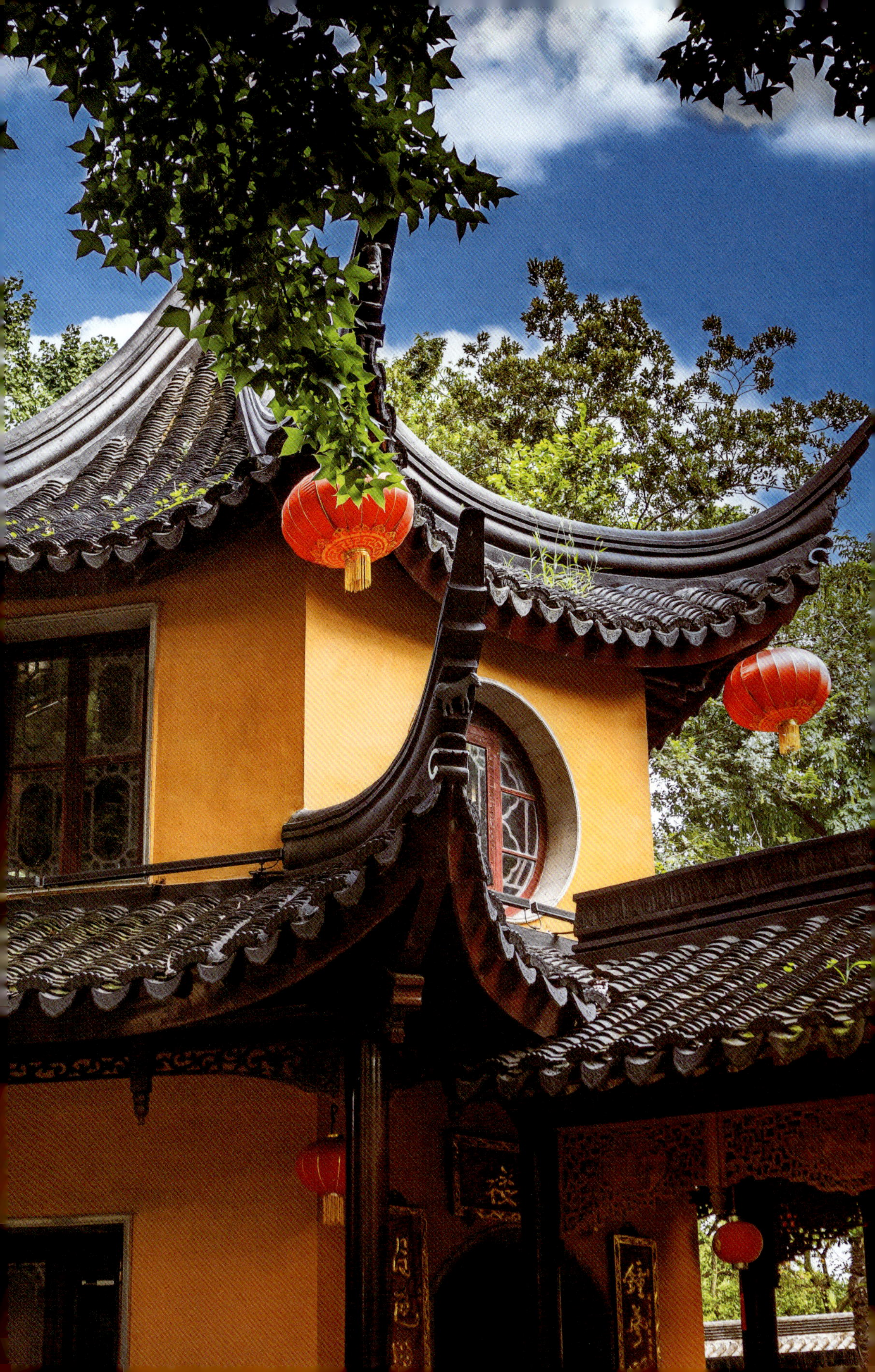

张继的苏州之行

张继，字懿孙，生卒年不详，襄州（今湖北襄阳）人，唐玄宗天宝十二载（753）进士及第。两年后，"安史之乱"爆发。为了躲避战乱，张继到了江南。根据他的有关作品所提供的线索来看，他到过今天的南京、无锡、苏州、杭州和绍兴等地。

张继到苏州的时间，是在唐肃宗上元二年（761）。就他的作品来看，他游览了苏州的阊门、灵岩山和枫桥等三处地方，写了《阊门即事》《游灵岩》和《枫桥夜泊》等三首诗。请看《阊门即事》：

耕夫召募逐楼船，春草青青万顷田。
试上吴门窥郡郭，清明几处有新烟。

"阊门"，就是苏州的西城门。这首诗所写的，就是苏州战乱后的破败景象。不过这个战

©张继塑像

○阊门

乱并非"安史之乱","安史之乱"只波及北方的河北、河南、河东、关内四道,并未波及江南。这个战乱,是指唐肃宗上元元年(760)冬天发生的"刘展之乱"。"刘展之乱"的起因是:唐肃宗怀疑淮西节度副使李铣和刘展对他不忠,于当年十一月诛杀了李铣,同时密谋诛杀刘展。刘展得知消息后就反了。刘展反了之后,就派部下张景超攻陷苏州。唐肃宗上元二年(761)年初,朝廷派遣平卢军南下,收复了苏州。

张景超攻陷苏州时,已经对这个城市造成了很大的破坏,平卢军到苏州平叛时,又"大掠十余日",对这个城市造成了更大的破坏,致使名城苏州一派萧条。刘展之败在唐肃宗上元二年(761)二月,张继正是上元二年的春天来到苏州的,他的《阊门即事》这首诗所写的就是春天的景象。

从阊门出来往西走十来里,就是枫桥。张继既然已经到了阊门,那么再到枫桥就是顺道了。但是,就作品本身的描写来看,《阊门即事》

写的是春天的景象,《枫桥夜泊》写的是秋天的景象,这说明张继到阊门之后,并没有接着到枫桥。也就是说,他到阊门与到枫桥不是同一个季节。

我认为,张继在唐肃宗上元二年(761)的春天可能没有进入苏州城,因为那个时候的苏州城是一片残破景象,也不安全。他可能只是在阊门城楼上看了一下,然后就回到运河的客船上,到了杭州和绍兴。他在杭州和绍兴一直待到那一年的秋天,再由苏州到江宁(今江苏南京),最后到了武昌(今湖北鄂州)。

正是再次经过苏州的时候,张继游览了姑苏城外的灵岩山和枫桥。

◎灵岩山

我们看看《游灵岩》这首诗的前四句：

灵岩有路入烟霞，台殿高低释子家。
风满回廊飘坠叶，水流绝涧泛秋花。

"灵岩"，就是灵岩山。春秋时期，吴王夫差在灵岩山建有一处离宫，叫馆娃宫，是西施住的一个宫殿。"台殿"，指灵岩山寺，是南朝梁代建的一座寺庙。"回廊"，又叫响屐廊，屐，就是木头做的鞋。相传吴王当年让西施等美女都穿上木鞋，走起来"廊虚而响"，因此这条回廊又叫响屐廊。"风满回廊飘坠叶，水流绝涧泛秋花"这两句，写一种历史兴亡之感，但同时也表明，张继来到灵岩山的时间正是秋天。

灵岩山也在苏州古城的西门外，离枫桥只有20多里路，并不算远。张继游览灵岩山之后，接着再游览枫桥，就是情理之中的事了。

枫桥是一座古桥，始建于何时，不可考。桥下就是古运河，今天叫上塘河。宋人范成大的《吴郡志》记载说：

> 枫桥，在阊门外九里道傍，自古有名。南北客经由，未有不憩此桥而题咏者。

张继当年游览过的那座枫桥已经不存在了，现在我们看到的这座枫桥是清同治六年（1867）重建的。

枫桥与寒山寺近在咫尺。在今天，枫桥与寒山寺、铁铃关和枫桥古镇，同属于枫桥景区。因此我们有理由相信，张继当年是到过寒山寺的，只是没有正面写寒山寺，他重点写的是寒山寺的钟声。

◎枫桥

我们一起来欣赏作品。先看第一句,"月落乌啼霜满天","月落",表明时间已经是下半夜了。"月落"之前,光线是明亮的,"月落"之后,光线就暗淡了。正是月落前后光线的明暗变化,刺激了乌鸦,因而啼叫了几声。

乌鸦的啼叫惊醒了诗人。醒来后的第一个感觉是什么呢?是深秋之夜的寒冷,感觉下了霜。有人认为,"霜满天",是写"秋霜在天空飞舞"。这样理解是错误的。常识告诉我们,只有雪花才在天空飞舞,霜花是不可能在天空飞舞的,霜花是结在地上的。大家都熟悉李白的《静夜思》:"床前明月光,疑是地上霜。"可见霜花在地不在天。这里的"霜满天"三个字,不是写实,是写一种感觉。在深秋之夜运河边的客船上,寒风吹彻,让人感觉到下了霜。

再看第二句,"江枫渔火对愁眠"。诗人被乌鸦的啼叫惊醒了,醒来之后又感到寒风吹彻,因此就很难再入睡,失眠了。失眠中的诗人伸手把船上的小窗户打开,看到了"江枫",也就是江岸上在寒风中摇曳的枫树。这里的"江",其实就是运河。有人讲,既是"月落",天空必暗,何以得知江岸上的树就是枫树?我认为有两种可能:一是在白天见过,有印象;二是天空虽暗,但江面上有"渔火",可以借助"渔火"的光线看到。

诗人看到江岸上的枫树之后,再往江面上

◎诗碑

◎木刻版画《枫桥夜泊》

看,又看到了闪烁的"渔火"。正因为"月落"了,天空比较暗,江面上的"渔火"给人的视觉感受就很鲜明。

诗人一会儿侧头看江岸上的枫树,一会儿又回过头来看江面上的渔火,可以说是辗转反侧。这就是失眠后的真实状态。失眠后的诗人是什么心情呢?可以说,是乡愁油然而生。

所谓"对愁眠",就是指诗人在运河边的一只客船上,被乌鸦的啼叫惊醒之后,既感到秋夜的寒冷,又面对"江枫""渔火",乡愁油然而生,再也难以入眠。清代学者徐增讲:

> 愁眠者,因心中有事,睡不去也。张继襄州人,其游于江南,亦是浪游,必不得意,夜泊于此,又是寒天,归心似箭,所以要愁。

这个解释是很到位的。但是后来有人居然把"对愁眠"三个字拆开，把"愁眠"这两个字解释为附近一座山的名字，说诗人在客船上既对着"江枫""渔火"，又对着"愁眠"这座山。

这种解释完全是无中生有。据北宋苏州籍学者朱长文的《吴郡图经续记》一书讲，寒山寺附近并没有一座叫"愁眠"的山，只有一座岞崿（zuò è）山，形状像狮子，因此又叫狮子山。相传春秋时的吴王僚就埋葬在这座山上，哪里有什么"愁眠山"啊？

第三、四句，"姑苏城外寒山寺，夜半钟声到客船"。"姑苏"，是苏州的别称，因城市西南有一座姑苏山而得名。"姑苏城外"，就是苏州城外。诗人租赁的那只客船，就停泊在"姑苏城外"的枫桥下面，这里离寒山寺很近。

钟声就是从寒山寺的钟楼传来的，诗人在客船上听得很真切。这两句诗，本来很真实，很生动，很令人回味，但是在宋代却引起了争议。

提出批评意见的是宋代著名文学家欧阳修，他在《六一诗话》中说：

> 诗人贪求好句，而理有不通，亦语病也。……唐人有云"姑苏城外寒山寺，夜半钟声到客船"，说者亦云句则佳矣，其如三更不是打钟时。

欧阳修认为，夜半就是三更，三更不是打钟的时候。张继这样写，是"贪求好句"。因为"贪求好句"，不惜违背事实，违背常理。

这个批评就比较重了。问题是，这个批评对不对呢？可以说，几乎所有的学者都不认同他的意见。例如宋代学者叶梦得、王直方、张邦基、陈岩肖等，都站出来为张继辩护。一直到清代，都还有人为张继辩护。综合宋、元、明、清各代学者的意见，主要有四点：

第一，在唐代诗人中，写"夜半钟"的并非张继一人，例如于鹄、皇甫冉、白居易、温庭筠等人，都写过"夜半钟"。这说明在唐代是打

◎枫桥夜景

"夜半钟"的,张继写"夜半钟声"并没有错。

第二,苏州的寺院,从唐代到宋、元、明、清各代,都打"夜半钟"。欧阳修没有到过苏州,不了解苏州的情况。

第三,所谓"夜半钟",有的地方有,有的地方没有。苏州的情况是:有的时候对"夜半钟"习以为常,有的时候又觉得很怪异。因此不可一概而论。(王楙《野客丛书》卷二十六)

第四,所谓"夜半钟",并非三更时的钟声,而是"三鼓尽、四鼓初"的钟声(陈岩肖《庚溪诗话》卷上),或者说,是"后半夜"的钟声(张邦基《墨庄漫录》卷九)。

我认为,第四点意见最值得注意。张继写的"夜半钟声",究竟是什么时候的钟声?据有关文献介绍,寺庙的钟声,主要有四种:一是斋钟,也就是召唤僧侣进食的钟声;二是堂钟,也就是号令僧侣做法会

的钟声；三是暮钟，也就是黄昏时候的钟声；四是晨钟，也就是"破长夜，警睡眠"的钟声。张继《枫桥夜泊》写的"夜半钟声"，不可能是前三种，只能是第四种，也就是晨钟。

那么，唐代寺院的晨钟具体是在什么时候敲响呢？据有关资料介绍，是在四更结束、五更开始的时候。北宋时更晚，是在五更结束之后。也就是说，唐代寺院的晨钟比北宋寺院的晨钟整整早了一个更次（简锦松《唐代时刻制度与张继〈枫桥夜泊〉现地研究》）。

◎寒山寺钟（局部）

尽管如此，唐代寺院的晨钟也不是"夜半钟"，而是四更钟。因此，张继诗中的"夜半钟声到客船"这一句，准确地讲，应该是"四更钟声到客船"。

但是，如果写成"四更钟声到客船"，那就不合平仄了。这一句的第二个字必须用仄声字，而"更"字是平声。因此，张继还是写成了"夜半钟声到客船"。

我认为，张继写"夜半钟声到客船"，主要是强调夜晚听钟时的感受，主要不在写时辰。但是由于受七言绝句的格律限制，不便于写成"四更钟声到客船"，只能写成"夜半钟声到客船"，这是可以理解的。欧阳修抓住"夜半"这两个字不放，认为张继写的"夜半钟"就是"三更钟"，强调"三更不是打钟时"，这就误解了张继。无怪乎宋、元、明、清以来，有那么多的学者站出来为张继辩护。

夜半钟声到客船
寒山寺钟楼下

闻钟声，烦恼清

有人认为，诗人听到钟声之后，乡愁更强烈了。我认为不一定是这样。我的意见是：诗人听到钟声之后，乡愁应该是有所缓解了。

要真正理解这个问题，还得讲一讲寺院打钟的特点。

钟，既是一件重要乐器，也是一件重要法器。寺院打钟是很有讲究的。《敕修百丈清规·法器章》规定：

> 引杵宜缓，扬声欲长。凡三通，各三十六下，总一百八下。起止三下稍紧。

为什么寺院打钟要打一百零八下呢？有两种说法：

一种说法是，一年有十二月、二十四节气、七十二候（五天为一候），三者加起来就是一百零八，这是一个吉祥数。寺院打一百零八下钟，正好应这个吉祥数，体现了农业社会人们祈盼吉祥、祈盼丰收的愿望。

另一种说法是，佛教认为，人生有一百零八种烦恼，打一百零八下钟，也就是佛教所说的"百八钟"，可以让人清醒，所谓"闻钟声，烦恼清，智慧长，菩提生"。菩提，就是觉悟、顿悟、大彻大悟的意思。

我们再回到张继的这首诗。应该说，诗人在听到寒山寺的钟声之前，乡愁是肯定有的。所谓乡愁，根据我的理解，"就是人们对于家乡的一种回忆式的情绪体验,包括对亲情、友情、爱情的回忆,对家乡的自然山水与人文景观的回忆,对个人成长经历的回忆等。"(曾大兴《文学地理学视野中的乡愁》)一个人到了一个陌生的地方,对当地环境感到不适,但是又由于某些原因,不能回到自己熟悉的故乡,因此就有了乡愁。

张继为了躲避战乱而漂泊江南,在一个寒风吹彻的夜晚,在"姑苏城外"运河边的一只客船上,被乌鸦的啼叫声惊醒。醒来之后,又看到江面上的点点渔火,还有江岸上摇曳的枫树,所闻所见,都是有些凄清的,怎么会没有乡愁呢?乡愁是肯定有的,所谓"江枫渔火对愁眠",就是这个意思。但是诗人听到寒山寺钟楼传来的这种舒缓、悠扬而又有韵律的钟声,乡愁就应该有所缓解了。因为这种舒缓、悠扬而又有韵律的钟声,是可以给人减压的,所谓"闻钟声,烦恼清,智慧长,菩提生",就是这个道理。

正因为寺院的钟声具有清烦恼、长智慧的作用,而寒山寺钟楼的钟声又非常有名,所以每年都有许许多多的中外游客,不远千里万里,专程来到寒山寺,聆听钟楼的钟声。

尤其是日本游客,对寒山寺和寒山寺钟楼的钟声,可以说是到了痴迷的程度。日本人甚至模仿苏州的寒山寺,在东京都青梅市的柚木町也建了一个寒山寺。

在日本的小学语文课本中,还收录了张继的《枫桥夜泊》这首诗。(曹磊《关于寒山寺及寒山寺诗碑》)

晚清著名学者和书法家俞樾在《新修寒山寺记》一文中说:

> 吴中寺院不下千百区,而寒山寺以懿孙(张继)一诗,其名不独脍炙于中国,抑且传诵东瀛。余寓吴久,凡日本文墨之士,咸适庐来见,见则往往言及寒山寺,且言其国三尺之童,无不能诵是诗者。

◎俞樾书《枫桥夜泊》诗碑

俞樾罢官之后，在苏州住了40年，他还应邀为寒山寺题写过《枫桥夜泊》诗碑，这也是寒山寺最有名的一块诗碑。他的这番话是可信的。

如果姑苏城外寒山寺钟楼的钟声不能帮助人们减轻某些烦恼，反倒增添了人们的乡愁，人们又何必舟车劳顿不辞辛苦地来到这里呢？

自从张继的《枫桥夜泊》一诗问世之后，宋、元、明、清各代，都有许多诗人慕名寻访枫桥和寒山寺，写了许多以枫桥和寒山寺为题的作品，有的作品甚至直接使用了"枫桥夜泊"这个标题。每一个以枫桥、寒山寺为题的作品，都会写到寒山寺钟楼的钟声。

越
王
楼

唐家帝子爱楼居

越王楼上

越王楼 坐落在四川省绵阳市境内的龟山之顶、涪江之滨，仿唐建筑，15层，高达99米，于2010年1月重建而成。在我所讲过的中华名楼中，越王楼是最高的一座。

最早的越王楼是唐高宗显庆年间（656—661）修建的，主持修建者是当时任绵州刺史的越王李贞。后来毁过三次，也重建过三次，宋代一次，明代一次，21世纪一次。

说到越王李贞建越王楼，很自然地令人想到滕王李元婴建滕王阁。清代有一位果亲王，叫允礼，是康熙皇帝第十七子，他在雍正十二年（1734）奉旨送达赖喇嘛还西藏，途经绵州时，写过一首以《绵州》为题的诗，其中有这样两句：

唐家帝子爱楼居，碧瓦朱甍半新故。

越王楼

"绵州"，就是今天的绵阳。绵阳这个地方，在汉代叫涪县，在南北朝时期叫潼州，在隋、唐、五代、宋、元、明、清时期叫绵州，1912年以后才叫绵阳。

诗中提到的这个楼，是指明代重建的越王楼。这两句诗的意思是说，看到这个半新半旧、青瓦红脊的越王楼，让他想到了滕王阁，因而不禁感叹：李唐王朝的帝子们，都很喜欢建楼阁啊！

其实，越王楼和滕王阁的性质是不一样的。这是因为越王和滕王是不一样的亲王，他们建楼阁的意图也不一样。

滕王李元婴是唐高祖李渊的第22个儿子，也是最小的儿子，他在唐太宗贞观十三年（639）被封为滕王。此人一生骄奢放纵，大错不犯，小错不断，在政治上可以说是乏善可陈。但是有一点值得一说，就是一生建了三个滕王阁，一个建在山东滕州，一个建在江西南昌，一个建在四川阆中。

越王李贞（627—688）不一样，他是唐太宗李世民的第八个儿子。李世民有14个儿子，其中皇后生的有3个，妃子和宫女生的有11个。李贞是妃子生的，他的母亲是燕德妃。燕德妃是武则天的表姐，是一个才貌俱佳的女子。据说这个女子小的时候，她的母亲让她的哥哥读汉代作家司马相如的名作《上林赋》，她在旁边只是看了一遍，就能把《上林赋》全文背下来，可以说是记忆力惊人。由于才貌俱佳，13岁就被秦王李世民选入后庭，封为贵人。李世民登基做皇帝之后，她被封为贤妃，后来又晋封为德妃。（雍远凯汇编《越王李贞史考·越王李贞生母燕德妃考》）由于有这样一位聪明而有才学的母亲，李贞从小就受到了很好的教育。《旧唐书·李贞传》记载：

> 贞少善骑射，颇涉文史，兼有吏干。

从小就擅长骑马射箭，又读了不少文史方面的书，又有行政管理才干。如果他不是妃子

不一样的亲王

生的，而是皇后生的，他是有可能继承皇位的。为什么这样说呢？让我们来盘点一下李世民的14个儿子。

李世民虽然英雄盖世，对子女的教育也很重视，但是他的儿子多数都不成器。在皇后生的3个儿子中，李承乾和李泰因为谋反，都被流放而死。还有一个就是高宗李治，这是一个众所周知的非常懦弱的人。由于他的懦弱，才有武则天的长期把持朝政，乃至最后称帝。在妃子生的11个儿子中，三个早死，三个自杀，两个被废为庶人，一个被长孙无忌杀害，一个被武则天杀害，一个平庸无能。总之，在李世民的14个儿子中，只有两个平庸的得到善终，一个是高宗李治，一个是赵王李福。如果论才干和文化水平，只有第十子纪王李慎和第八子越王李贞是优秀的，"时人号为纪越"（刘昫等撰《旧唐书·太宗诸子传》），其中李贞更有才干，被称为"材王"。

李贞能文能武，又有行政才干，但是没有政治野心，因此深得太宗李世民和高宗李治这两代皇帝的信任。李世民在位时，他受到宠爱，五岁就封汉王，不久改封原王，十岁时又改封越王。高宗在位时，他也很受重视。永徽年间，被任命为安州（今湖北安陆）都督；显庆年间，又被任命为绵州刺史。

正是在担任绵州刺史期间，李贞主持修建了越王楼。

不一样的意图

滕王一生三建滕王阁，有两个意图：一是为了艺术。滕王是一位著名的画家，同时在书法、音乐方面也有很深的造诣。他建滕王阁，首先就是为了给他自己和他的那些艺术家朋友提供一个理想的观景和创作平台。

二是为了行韬晦之计，也就是逃避多次的皇位之争有可能给他带来的伤害。滕王阁上经常有音乐歌舞表演和酒会，李元婴长期在此享乐，就是为了给人们这样一个印象：他就是一个大玩家，一个在政治上没有出息的人，一个对皇权不感兴趣的人。这样那些皇位争夺者就不用猜忌和防范他了。事实上，李元婴是一个很聪明的人，他的韬晦之计成功了。在初唐众多的亲王当中，他是少数几个得到善终的人。

越王李贞不一样。他建越王楼，首先就是要借此宣示大唐的国威。这一点，又与当时的政治、军事和外交形势有关，尤其是与吐蕃东扩有关。

吐蕃是初唐时崛起于青藏高原的一个少数民族政权。吐蕃的第33代赞普（君王），就是大家熟悉的松赞干布。松赞干布在位的时间（629—650）与唐太宗李世民在位的时间（627—649）大体同时。松赞干布是一位具有雄才大略的政治家，他继位之后，很快就平定了吐蕃内乱，降服了周边其他部落和小邦国，统一了青藏高原。接着又迁都拉萨，建立了吐

蕃王朝。唐太宗贞观八年（634），松赞干布开始与唐朝交往；贞观十五年（641），松赞干布迎娶了唐朝的文成公主。这是历史上的一段佳话。松赞干布非常自豪地对身边的人说：

> 我父祖未有通婚上国者，今我得尚大唐公主，为幸实多。当为公主筑一城，以夸示后代。
>
> ——刘昫等撰《旧唐书·吐蕃传》

松赞干布非常喜爱文成公主，非常尊重公主的生活习惯，他不仅专门为公主修建了一座城，而且真心羡慕华风，还派优秀青年到长安，进入国子监学习《诗》《书》。

总之，松赞干布在位期间，尤其是在他迎娶文成公主之后，吐蕃和唐朝的关系是很好的。

唐太宗去世的第二年，松赞干布也去世了。由于嫡子早死，他的孙子被立为赞普。赞普年幼，政事都由相国禄东赞决定。在禄东赞掌权期间，吐蕃进一步向东扩张，占领了川西高原，对唐朝的西部边陲构成了威胁。

就当时的形势来看，吐蕃东进，必经松州（今四川松潘）、茂州（今四川茂县一带）而至绵州。绵州东北有金牛道连接长安，北有阴平道直通陇右，东南从涪江可直达渝州（重庆），西南至成都只有100多公里，所谓"东通巴汉，南屏成都，西抵氐羌，北扼秦陇"，素有"剑门锁钥""蜀道咽喉"之称，地理位置非常重要。只要绵州稳固，唐朝的西部边陲就不会受到太大的威胁。因此，唐高宗必须选派一位文武兼备同时又有资历、有威望、有才干的大臣来镇守绵州。派谁呢？越王李贞无疑是一个最好的人选。

越王李贞是在高宗显庆年间（656—661）担任绵州刺史的，他在绵州做了两件大事：一是建绵州城，二是建越王楼。

据有关专家考证，越王李贞建的绵州城，南北长约1720米，东西宽约600米，面积约1.1平方公里，它的规模是很大的。后来清代人建的绵州城（0.73平方公里）号称很大，其实也只有它的三分之二。

越王李贞还在州城西北的龟山上建了一座王府，这个王府同时也是绵州州府，接着又在王府中间的龟山顶上建了一座楼，这座楼就是越王楼。王府、州府和越王楼，三位一体，而楼为翘楚。楼高百尺，青瓦红脊，巍峨壮观，气势不凡。为什么要建得那样气派呢？其实就是为了宣示大唐的国威。

李贞修建越王楼的第二个意图，就是为了军事防御。越王楼建在绵州城西北的龟山之顶，这个地方可以说是绵州城的制高点。站在越王楼上，近可以俯瞰全城，远可以眺望金牛道和阴平道，如果有紧急军情，在楼上可以看得一清二楚。

◎夜色下的越王楼

第三个意图，就是与南昌的滕王阁遥相呼应。南昌滕王阁是在唐高宗永徽末年（655）建成的，永徽之后就是显庆，越王李贞是在显庆年间任绵州刺史的。也就是说，越王李贞建越王楼，是在南昌滕王阁竣工之后不久。

滕王李元婴是越王李贞最小的叔叔，他先后建了三个滕王阁，在李贞建越王楼的时候，李元婴已经建了两个滕王阁了。此人一生风流倜傥，多才多艺，绘画、书法、音乐全能，可以说是初唐王室中一个特立独行的才子。李贞在绘画、书法、音乐方面不及李元婴，但是在诗文方面是很有造诣的，《全唐诗》和《全唐文》都收有他的作品。在修建楼阁这一方面，李贞和李元婴有共同的爱好，所谓"唐家帝子爱楼居"，就是这个意思。正是在这一方面，李贞似乎有意要和这位叔叔比一下。你做叔叔的已经在滕州和洪州建了两个滕王阁了，我在绵州建一个越王楼，与你遥相呼应，这不也是李唐皇室的一段佳话吗？

事实上，李贞在建完越王楼之后，又在涪江边上建了一座望江楼，还在富乐山上建了一座富乐阁。由此看来，李贞建的楼并不比李元婴少。当地学者认为，李贞是绵阳历史上第一个大规模进行城市建设的官员，他为绵阳的城市文化奠定了厚重的根基。

◎望江楼（绵阳）　　◎富乐阁（绵阳）

不一样的结局

越王李贞和滕王李元婴最大的不同，就是越王关心政治，滕王不关心政治。关心政治并没有错，但是在初唐那个皇位之争非常残酷的时期，越王关心政治，滕王不关心政治，他们的结局就不一样。

贞观二十三年（649），唐太宗李世民驾崩，嫡子李治继位，这就是唐高宗。10年之后，也就是显庆四年（659），高宗患上严重的风疾，头晕目眩，不能处理朝政，于是皇后武则天开始辅政。24年之后，也就是弘道元年（683），高宗驾崩，由他和武则天生的第三个儿子李显继位，这就是唐中宗。但是不到三个月，武则天就废掉了李显，把他贬为庐陵王，立第四个儿子李旦为帝，这就是唐睿宗。睿宗随即上表请辞，于是武则天临朝称制，改元光宅。七年之后，也就是天授元年（690），武则天正式称帝，在位15年。

客观地讲，武则天是一位有胆有识有才干的政治家。历史学家范文澜讲，唐代只有两个半好皇帝：一个是唐太宗，一个是武则天，半个是指唐玄宗的前半生。这话不能说没有一定的道理。据《旧唐书·则天皇后本纪》和《新唐书·则天皇后传》等官修史书记载，武则天从辅政到称制再到称帝，前后46年。这46年间，她奖励农桑，改革吏治，重视选拔人才，尤其是推行科举考试制度，使一大批中下层知

识分子得以登上政治舞台，通过为国家服务来实现自己的价值。正是在她的领导之下，唐朝在政治、军事、经济上进一步强大起来，可以说是上承"贞观之治"，下启"开元盛世"。她的历史功绩是不宜抹杀的。

但是这个人也有严重的历史局限，最主要的问题，就是鼓励告密，任用酷吏。她规定，任何人都可以告密。凡是告密之人，政府都要为之提供驿站车马和饮食服务。即便是农夫樵子来告密，武则天都要亲自接见。如果所告之事符合她的旨意，就可破格升官。如果所告之事并非事实，她也不会问罪。同时，武则天又先后任用索元礼、周兴、来俊臣等一大批酷吏，掌管断案和监狱。被告者一旦被投入监狱，酷吏们就使用各种酷刑审讯，能活着出狱者百无一二。随着告密之风愈演愈烈，被酷吏严刑拷打致死的人也愈来愈多。于是在朝廷内外便形成了十分恐怖的政治气氛，以致大臣们每次上朝之前，都要和家人诀别，整天都惶恐不安。

最惶恐不安的是什么人呢？一是李唐皇室子弟，二是跟李唐皇室关系密切的功臣子弟。为了结束这种惶恐不安的日子，夺回李唐的江山，他们就举兵反武则天。武后光宅元年（684）九月，功臣之后徐敬业等募兵10万，在扬州起兵，著名诗人骆宾王还写了一篇非常具有感染力的战斗檄文——《为徐敬业讨武曌檄》，以勤王救国、匡扶庐陵王李显复位相号召，结果被武则天派遣30万大军镇压了。

徐敬业兵败之后，武则天对李唐皇室大开杀戒，仅仅是在垂拱二年（686），武则天就下诏杀害了南安王李颖等王室弟子12人，又鞭杀了已故太子李贤的两个儿子，也就是她的两个亲孙子。

残酷的杀戮使得李唐皇室更加惶恐不安。垂拱四年（688）八月，越王李贞的长子、琅琊王李冲在博州（今山东聊城东北）举兵。为了呼应长子李冲，时任豫州刺史的越王李贞在豫州举兵。武则天派遣10万大军征讨。结果李冲在举兵七天之后就失败了，李贞也在举兵20天后

失败，然后服毒自尽。

李贞、李冲兵败之后，武则天对李唐皇室再次进行大规模的清洗。她命令酷吏周兴等对李唐皇室诸王进行审讯，最后逼迫韩王李元嘉、鲁王李灵夔、黄国公李譔（zhuàn）、东莞郡公李融、常乐长公主等相继自杀，他们的亲信也被杀害。

反对武则天的李唐皇室子弟包括越王李贞都不得善终，滕王李元婴则是一个例外。他在武则天称制的那一年也就是光宅元年去世，"赠司徒、冀州都督，陪葬献陵"（刘昫等撰《旧唐书·高祖二十二子传》），也就是陪葬高祖李渊的陵墓，得到善终。

李贞的结局就大不一样了，不但兵败自杀，他和长子李冲还被枭首示众。李贞的另外三个儿子，一个兵败自杀，一个被武则天诛杀，一个被流放岭南。武则天把李贞的子孙们从族籍中除名，也就是"削籍"，不许他们姓李，改姓"虺"（huī）。"虺"是什么？就是古书上说的一种毒蛇。武则天用这个"虺"姓来侮辱李贞和他的后人，可见她对李贞是恨之入骨。

两个皇帝的避难所

神龙元年（705），武则天退位，中宗李显复位，改周为唐，并大赦天下。朝廷中有人上奏中宗，指出李贞父子是为国家而死的，应该恢复他们的姓氏、族籍和爵位，唐中宗恢复了他们的姓氏和族籍，但是在恢复李贞爵位时，遭到权臣武三思的反对，留下一个尾巴。

直到11年之后，也就是开元四年（716），才由唐玄宗为李贞彻底平反，不仅恢复了李贞的爵位，还重新安葬了他，让他陪葬昭陵（也就是唐太宗李世民的陵墓）。唐玄宗下诏说：

> 越王贞，执心不回，临事能断。粤自藩国，勤于王家。……奋不顾身，率先唱义，虽英谋未克，而忠节居多。
> ——刘昫等撰《旧唐书·太宗诸子传》

这一段话，可以说是李唐王朝对越王李贞的盖棺之论。越王李贞在历史上的形象，就是一个忠节亲王的形象。

唐玄宗为李贞彻底平反，原是为了表彰忠节，并无私意。但是他怎么也没想到，40年之后，由于一场大的动乱，李贞在绵州修建的这个越王楼，居然成了他的一个避难所。

那是天宝十四载（755）十一月，范阳节度使安禄山联合叛将史思明，起兵10余万，以诛杀宰相杨国忠为名，从幽州出发，直指长安，史称"安史之乱"。天宝十五载（756）六

◎越王李贞雕塑

月,长安的门户潼关失守,京师一片恐慌,唐玄宗带领宰相杨国忠和韦见素,还有太子、亲王、杨贵妃、内侍高力士、将军陈玄礼等4000多人逃往蜀地(今四川)。谁知刚刚走了100多里路,到了马嵬驿(今陕西兴平市),随行大将军陈玄礼上奏,说安禄山的口号就是诛杀杨国忠,国家走到这步田地,杨国忠不能辞其咎,要求皇帝顺应民意,诛杀杨国忠。唐玄宗只得答应。但是诛杀了杨国忠之后,随行军士仍然不肯罢休,说杨国忠是杨贵妃的兄长,他之所以飞扬跋扈,为非作歹,杨贵妃不能辞其咎,要求诛杀杨贵妃。唐玄宗万般无奈,只得含泪赐死自己最心爱的女人。这就是"马嵬兵变"。"马嵬兵变"之后,唐玄宗正要往前走,又被老百姓拦住了。老百姓提出太子不能跟着皇帝去蜀地,应该回去领导抗战。他们愿意跟随太子,抗击安史叛军,收复长安。唐玄宗只得答应老百姓的请求,让太子回去,并且分兵3000人给太子。太子走了之后,唐玄宗更加惶恐不安,生怕再出什么事,可以说是一夕数惊。路又不好走,住的条件又差,有时候甚至连饭都没得吃,只能靠沿路的老百姓接济。这一年的七月,唐玄宗到了绵州,发现这里居然还有一座富丽堂皇的王府,这就是李贞当年修建的越王楼。就像一个在沙漠中艰苦跋涉很久的人终于见到一片绿洲一样,唐玄宗悲喜交集,于是就把越王楼当作行宫,在这里休息了好几天。这一年的八月,唐玄宗到了成都。这个时候,太子已经即位,这就是唐肃宗,唐玄宗做了太上皇。第二年九月,官军收复了长安。唐肃宗派专使来成都,迎接太上皇唐玄宗回长安。在回长安的路上,再次经过绵州时,唐玄宗又在越王楼住了好几天。

由于唐玄宗两次把越王楼当作行宫,越王楼的地位就很高了,名气

就很大了。

124年之后,也就是唐僖宗广明元年(880),黄巢领导的农民起义军攻破潼关,唐僖宗李儇(xuān)步老祖宗玄宗之后尘,再次入蜀避难,途经绵州时,再次把越王楼作为行宫,住了一段时间。后来黄巢兵败,唐僖宗返回长安,又在越王楼住了一段时间。

这个时候,李贞已经死了192年了,他哪里料想得到,他修建的这座越王楼,居然成了他们家两个皇帝的避难所。如果李贞地下有知,应该为之感叹不已。

君王旧迹今人赏

越王楼下

有人讲,"一座越王楼,半部文学史"。这话虽然有些夸张,但是唐宋以来的许多文学名家都和越王楼有关系,都写过有关越王楼的诗词和文章,这倒是一个不争的事实。例如在唐代,就有"初唐四杰"中的王勃、卢照邻、骆宾王三杰,还有"诗仙"李白、"诗圣"杜甫,还有著名诗人陈子昂、李商隐、罗隐;在宋代,则有著名诗人陆游、杨万里、刘辰翁;在明代,则有著名诗人杨慎;在清代,则有著名诗人王士禛、李调元、张问陶。这些著名诗人都写过与越王楼有关的作品。在今天的越王楼第15层,就展出了历代名家名作200多篇。

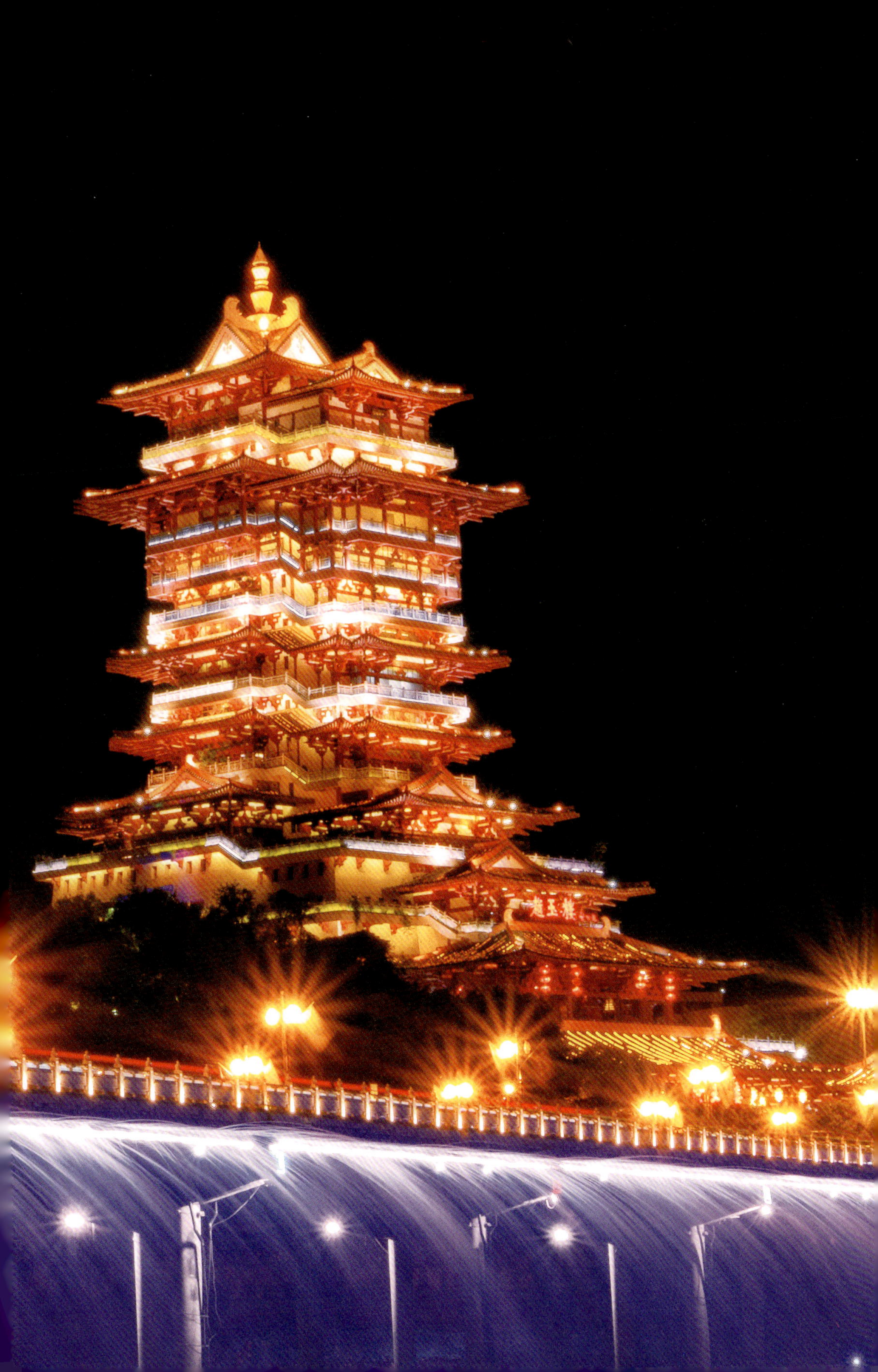

李贞是李白曾祖父吗

学术界有这样一个观点，认为李贞就是李白的曾祖父。他们说，李贞和他的长子李冲当年举兵反对武则天，兵败之后，父子两人都被枭首示众，但是还有一个"幼子"后来被武则天籍没家财，开除族籍，不许姓李，改姓"虺"，然后流放丰州（今内蒙古乌拉特前旗西南），后来又流放西域碎叶。这个碎叶，原是唐代的"安西四镇"之一。他们说，这个流放丰州、后来又流放西域碎叶的"李贞幼子"，就是李白的祖父。李白就是在西域碎叶出生的。李白可能没有见过他的祖父。他五岁的时候，武则天退位，中宗李显复位，他的父亲认为形势有了好转，就从西域碎叶逃回中原。但是后来为李贞平反的事情遇到阻力，李白的父亲还是回不了长安，只能"逃归于蜀""居于绵"，也就是在绵州昌明县（今四川省绵阳市江油市）的青莲乡住下来。李白的父亲改名李客，客就是客居者，是一种社会身份，不是他真正的名字。

我们知道，李白的家世问题，一直都是一个谜。他自称是李唐皇室中的一员，但是李唐皇室的谱籍中又没有关于他们这一支人的记载，他自己又提供不了一个家谱。通俗地讲，他没办法跟李唐皇室合谱。李白一生都想做官，但是又不参加科举考试。为什么呢？过去有人说是他不屑于科举考试，其实是因为参加科举考试，要报户籍，要填写祖宗三代的姓名，可是李白连自己的祖父、父亲的真实姓名都说不清楚，他连名都报不上，还怎么参加考试呢？

那么现在，有人认为李白就是越王李贞的曾孙，这个观点初听起来是很令人振奋的，因为知道了他的曾祖父，那么他的家世问题就迎刃而解了。然而，这个观点能不能成立呢？

我仔细查看了《旧唐书》和《新唐书》中的李贞传记，也仔细查看了《资治通鉴》的有关记载，我认为，说越王李贞是李白的曾祖父，这个观点似乎难以成立。

据《旧唐书·太宗诸子传》记载，李贞有四个儿子，长子叫李冲，在反武则天时兵败被杀，后来还被枭首示众；次子叫李规，也在反武则天时兵败自杀；三子叫李蒨（qiàn），因与父兄合谋反武则天而被诛杀；四子叫李温，因检举父兄，免死，被流放岭南。《新唐书·太宗诸子传》记载说，李贞有一个最小的儿子，叫珍子，被流放岭南。也许这个"珍子"就是《旧唐书》所讲的"李温"，他是李贞四子中唯一的幸存者。

◎越王楼

　　据司马光的《资治通鉴》一书记载，越王李贞兵败被杀之后，他在豫州（治所在今河南汝南）的党羽据说有六七百家，五千多口人，按照大理寺的审理意见，都要籍没家产，并且杀头。但是新任豫州刺史狄仁杰宅心仁厚，他给武则天上了一道密折，说大理寺有误判，李贞的党羽没有这么多，许多人是被冤枉的。于是武则天就没有采纳大理寺的意见，没有杀掉这些人，而是从轻发落，流放丰州。

　　主张李贞是李白曾祖父的学者认为，在这些流放丰州的人中，就有一个"李贞幼子"。这个"李贞幼子"，就是李白的祖父。其实这个意见是有些武断的。根据《资治通鉴》的记载，流放丰州的只是李贞在豫州的党羽，并没有记载说其中还有"李贞幼子"。根据《新唐书》和《旧唐书》的记载，李贞的四个儿子中，一个自杀，两个被杀，一个流放岭南，并没有史料证明他还有一个幼子流放丰州。

　　由此看来，说李贞是李白的曾祖父，这个观点是难以成立的。也就是说，李白的家世问题，仍然是一个谜。

在 20 世纪 80 年代以来的小学二年级语文课本中，有一首李白的诗，诗题叫《夜宿山寺》：

危楼高百尺，手可摘星辰。
不敢高声语，恐惊天上人。

这是一首想象新奇而语言清新自然、明白如话的好诗。通常认为，这首诗是李白在蕲州黄梅县（今湖北黄梅县）写的，诗题中的这个"山寺"，就是黄梅县的峰顶寺。但是近年来有学者提出不同意见，认为李白在黄梅县写的这首诗，诗题应该是《题峰顶寺》，不是《夜宿山寺》。原作是这样的：

夜宿顶峰寺，举手扪星辰。
不敢高声语，恐惊天上人。

而在小学二年级语文课本中出现的那首《夜宿山寺》，其实是李白少年时代写作的《上楼诗》。这首《上楼诗》据说就是写绵州越王楼的。（李德书《李白〈上楼诗〉与〈题峰顶寺〉〈夜宿山寺〉考辨》）

我个人认为，这个观点应该是可以成立的。理由有二：

第一，黄梅县的那座峰顶寺，是"寺"而不是"楼"，"寺"再高，也不可能高达百尺，成为"危楼"。"危楼"者，高楼之谓也。再说

李白和越王楼

诗的题目叫《夜宿山寺》，诗里写的却是楼，这不是文不对题吗？

第二，李白五岁左右随父亲由西域来到绵州昌明县，在这里生活了20年左右，25岁左右才"仗剑去国，辞亲远游"。李白在绵州昌明县生活的20年间，经常"往来旁郡"，他既然连旁郡都经常去，怎么可能不去绵州呢？毕竟昌明县是绵州管辖的一个县，因此他是很有可能到过绵州的。到了绵州，就会登上绵州的标志性建筑越王楼；登过越王楼，就会写诗。

因此我赞同这位学者的观点，小学二年级语文课本中的《夜宿山寺》这首诗，诗题应该是《上楼诗》，原是写绵州越王楼的，不是写黄梅峰顶寺的。写黄梅峰顶寺的另有其诗，诗题叫《题峰顶寺》。

可能有人会说，李白的《上楼诗》和《题峰顶寺》，20个字当中，有12个字是重复的，重复率高达60%。这是很令人惊诧的。李白那么有才华，怎么到了黄梅峰顶寺，就写不出一首具有原创性的新诗，而是要把年少时写绵州越王楼的那首《上楼诗》拿来拼凑呢？难道是江郎才尽了吗？

事实上，关于《题峰顶寺》这首诗的作者问题，在历史上也是有争议的。《李太白全集》的注者王琦认为，这首署名李白的《题峰顶寺》，可能是伪作。

杜甫和越王楼

李白的这首《上楼诗》确实写得好，他把越王楼的高耸入云写得生动可感，使读者读到这里，就好像真的登上了楼顶一样，不敢高声喧哗，恐怕惊扰了天上的神仙。但是这首诗只是写楼和登楼的感觉，并没有涉及对建楼者越王李贞的评价，杜甫的《越王楼歌》就不一样了：

> 绵州州府何磊落，显庆年中越王作。
> 孤城西北起高楼，碧瓦朱甍照城郭。
> 楼下长江百丈清，山头落日半轮明。
> 君王旧迹今人赏，转见千秋万古情。

"绵州州府何磊落"。诗题称"越王楼"，诗的首句则称"绵州州府"，可见正如我在前边所讲的那样，王府、州府、越王楼，原是三位一体的。这个建筑是那样的壮观、明亮、错落有致，因此称为"磊落"。值得注意的是，因为有这一句诗，绵州后来就被称为"磊落州"，绵州人也被称为"磊落人"了。例如宋代著名诗人陆游有一首写绵州的诗，即《寄答绵州杨齐伯左司》，第一联就是："磊落人为磊落州，滕王阁望越王楼。"

"显庆年中越王作"。这一句很重要，不仅明确地交代了这座楼的修建时间，也明确地交代了这座楼的修建者就是越王。

◎越王楼

"孤城西北起高楼"。这一句也很重要,交代了越王楼的地理位置,是在绵州城的西北部。

"碧瓦朱甍照城郭"。这一句写越王楼的建筑特点,绿色的瓦,红色的屋脊,它的光彩映照整个城市。

"楼下长江百丈清"。这一句要说明一下,越王楼下的这条江,是长江的支流嘉陵江的一条最大的支流,叫涪江。这条涪江长达700公里,比较长,因此杜甫称它为"长江"。"长江"在这里是指比较长的江,不是我们今天所讲的长江。我们今天所讲的长江,古人称作江。

"山头落日半轮明"。这一句表明诗人登越王楼的时间,是在傍晚,半轮落日悬挂在山头,也就是越王楼所在的龟山山头,很绚丽,也很壮观,因此给人印象深刻。

"君王旧迹今人赏,转见千秋万古情"。这两句就是诗人对越王李贞

的评价。这里的"君王"就是指越王李贞，"旧迹"就是指越王楼。越王李贞修建的这座越王楼，为"今人"所观赏、所喜爱。人们通过这座楼，既可以感受到李唐王朝早年的那种欣欣向荣的气象，也可以感受到越王本人心系国家的情怀，可见古人和今人在情感上是相通的，这就是"千秋万古情"。

通过"君王旧迹今人赏，转见千秋万古情"这两句诗，我们再次感受到了杜甫的那种深沉而强烈的家国情怀。这一点，与诗人当时所处的时空环境有着重要的关系。

"安史之乱"爆发之后的第五年（760）春天，杜甫从同谷（今甘肃成县）出发，走阴平和金牛古道，经剑阁、绵州到达成都，得到故人之子、时任剑南节度使兼成都尹的严武的关照。两年之后，也就是宝应元年（762）六月，严武奉调入京，杜甫送严武北上，到了绵州。由于成都少尹、剑南兵马使徐知道在严武离开之后叛变，杜甫不能返回成都，只能羁留在绵州，入住在左绵公馆。杜甫在绵州待了三个月，这首《越王楼歌》就写在绵州。

《越王楼歌》这首诗的成就，在我看来，主要体现在两个方面：

一是弥补了官修史书的不足。无论在《旧唐书》和《新唐书》里，还是在《资治通鉴》里，都没有关于越王李贞在绵州建越王楼的记载，在唐人刘祎之写的《大唐故太子少保豫州刺史越王墓志铭》里，也没有关于他在绵州建越王楼的记载。而杜甫的这首诗，可以说是最早记载越王李贞在绵州建越王楼的文字，他把建楼的人、建楼的时间以及楼的地理位置、性质、规模和特点，都写得很具体。人们常说，杜甫的诗，可以称为"诗史"，就是指他这种具有很强的纪实性的作品，为那个时代留下了一部形象的历史。

二是对越王李贞的评价。李贞在绵州，就是为大唐王朝镇守这个西部重镇，防范吐蕃的入侵。为了这个目的，他把重点放在城市建设这一方面。杜甫对此是表示高度认可的。杜甫在绵州的这段时间，吐蕃正在大举入侵唐朝西部地区，并且已经占领了松州（今四川松潘），接着又向北占领了泾州（今甘肃泾川）和邠州（今陕西彬县），于第二年十月攻陷长安，在长安待了15天之后被唐朝官军击退。(刘昫等撰《旧唐书·吐蕃传》)在杜甫写这首诗的时候，唐朝的西部地区是非常危险的。杜甫在这首诗里肯定李贞，表面上看，是肯定李贞修建了越王楼，给后人留下了一座可供欣赏的标志性景观；往深层看，则是肯定李贞当年镇守绵州的功绩，肯定李贞心忧国家的情怀。

杜甫和李白这两位大诗人，不仅都到过绵州，都写过越王楼，并且都留下了经典之作。绵州人对这两位大诗人是心存感激和缅怀的。清光绪二十六年（1900），绵州人在城市东郊的芙蓉溪畔，修建了一座李杜祠，专门用来纪念这两位伟大诗人。

◎绵阳李杜祠

在唐代，除了李白、杜甫这两位大诗人登过越王楼，留下了经典之作，还有不少诗人也登过越王楼，也留下了不少佳作。有的诗人甚至没有登过越王楼，也留下了佳作。

唐宣宗大中七年（853）前后，御史中丞于兴宗出任绵州刺史。有一天，他登上了越王楼，写了一首诗，名为《夏杪登越王楼临涪江望雪山寄朝中知友》：

巴西西北楼，堪望亦堪愁。
山乱江洄远，川清树欲秋。
晴明中雪岭，烟霭下渔舟。
写寄朝天客，知余恨独游。

"夏杪"就是夏末，夏天快要过去了，秋天即将到来。正是在这样一个时间点上，绵州刺史于兴宗登上了越王楼。

"巴西"，就是绵州的州治巴西县，"巴西西北楼"，就是建在绵州城西北部的越王楼。

登上越王楼之后，所看到的、给他印象最深的景致是什么呢？一是近处的涪江，二是远处的雪山。诗人告诉大家，蜿蜒而悠长的涪江水是非常清澈的，而阳光中的雪山则非常明丽。涪江两岸的树木开始染上秋天的颜色，江面上则有三三两两的渔船在薄暮中归来。越王楼的景色如此美好，可惜没有人陪他登楼，与他共赏。常言道："独乐乐，不如众乐乐。"所谓

别具一格的「越王楼诗会」

"堪望亦堪愁""知余恨独游"就是这个意思。

正是怀着这一份遗憾，这一份希望与朋友们共赏的心情，于兴宗在写完这首诗之后，接着又做了两件事：一是专门画了一幅画，把登上越

王楼之后所看到的景致画出来,名为《江山小图》(李朋《奉酬绵州中丞以江山小图远垂赐及兼寄诗》);二是把这幅画和这一首诗,分别寄给在长安的朋友。

于兴宗的热情很快就有了回应。一时间，居然有17位诗人写了18首诗来和他这首诗。(《越王楼·古代诗歌卷》)这17位诗人中，只有一个叫李渥的诗人是在亲自登上越王楼之后再和于兴宗的，其他16位诗人当时都在长安做官，都不在现场。也就是说，这是一场由诗人于兴宗发起的以题咏越王楼为主题的诗会，诗会的特点是绝大多数的诗人都不在现场，因此可以说是一场别具一格的"越王楼诗会"。

在古代，诗会是一种雅集，诗人都是要到现场的。例如西晋时的"金谷园诗会"，东晋时的"兰亭诗会"，唐代的"滕王阁诗会"等，都是历史上非常有名的诗会。在这种诗会上，诗人都要到场，都要写诗，不写诗就要罚酒。等大家的诗都写出来之后，再由一位最有名望的人来写一篇诗序，例如石崇的《金谷园诗序》，王羲之的《兰亭集序》，王勃的《滕王阁序》，都是为这种雅集而写的，都成了文学史上的经典之作。

但是由绵州刺史于兴宗发起的这个"越王楼诗会"，绝大多数的诗人都不在现场，是一场别具一格的诗会。这种诗会的影响也是很大的，为什么呢？第一，这些诗都写得很好，都可以在《全唐诗》里看到（中华书局版《全唐诗》第564卷收录了13位诗人的14首和于兴宗的诗，许浑1首、王铎1首、卢求1首、李群玉1首不在此卷）；第二，这些诗人都不是一般的诗人，他们都是朝廷官员，而且一半以上是有进士头衔的朝廷官员，他们都有自己的朋友圈，都有自己的影响力，他们借助自己的朋友圈和影响力，不仅扩大了诗会的影响，也进一步提高了越王楼的知名度。

阅
江
楼

万里长江一望收

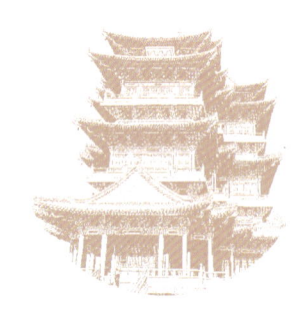

阅江楼上

有人讲，阅江楼是一座既古老又年轻的中华名楼。说它古老，是因为早在600多年前，它的名字就载于史册了；说它年轻，是因为直到2001年，这座楼才真正建起来。事实果真如此吗？

阅江楼

两记呼楼六百年

阅江楼坐落在南京市西北部的狮子山上，下临长江。楼高52米，外观四层，暗三层，共七层。整座楼的平面呈"L"形，主翼朝北，次翼朝西，两翼都可以观赏到长江风光。在阅江楼外，还建有照壁、牌坊、亭阁、山门、长廊、碑亭等，与主楼构成一个气势雄伟、壮观的阅江楼景观群。

阅江楼上悬挂着许多对联，其中有一副非常醒目：

一江奔海万千里

两记呼楼六百年

"一江"，当然是指长江；"两记"是指什么呢？是指两篇《阅江楼记》：一是明朝开国皇帝朱元璋写的《阅江楼记》；一是朱元璋身边的大学士宋濂写的《阅江楼记》。这两篇文章都不简单，尤其是宋濂写的《阅江楼记》，还被收进了家喻户晓的《古文观止》。

那么，"两记呼楼六百年"又是什么意思呢？

原来，早在明洪武七年（1374），朱元璋就下诏在狮子山上建阅江楼，并率先写了一篇《阅江楼记》。他身边的文臣也按照他的旨意各写了一篇《阅江楼记》，其中以宋濂的那一篇写得最好。但是，阅江楼在当时并没有建成。

别的中华名楼都是先有楼，后有记（文学

作品），阅江楼不一样，是先有记，后有楼。有人认为，这个阅江楼，就是朱元璋和宋濂的这两篇《阅江楼记》呼唤出来的，呼唤了六百年，可以说是"千呼万唤始出来"！如果没有这两篇《阅江楼记》，尤其是宋濂的这一篇《阅江楼记》，阅江楼能不能最后建成，那就很难说了。

这就是"两记呼楼六百年"的意思。但是，对于"两记呼楼六百年"这个说法，人们是有不同意见的。

一种意见认为，"两记呼楼六百年"这个说法是真实可信的。阅江楼在600年前就立项，直到600年后才建成，是中国历史上立项最早、开工最迟的项目（俞明《阅江楼有记无楼六百年》）。

另一种意见认为，"两记呼楼六百年"这个说法要打一点折扣，因为阅江楼虽然在当时没有建成，但是在后来还是建成了，并非等到600年后。

这里就有三个问题必须探讨：第一，朱元璋为什么要建阅江楼？第二，后来为什么又停工了？第三，历史上究竟有没有出现过一座阅江楼？

阅江楼因何而建

朱元璋既然下诏建阅江楼，就应该有诏书，但是这份诏书今天找不到了。因此关于朱元璋建阅江楼的原因，我们只能从他的三篇文章中寻找：一是《阅江楼记》，二是《又阅江楼记》，三是《辟阿奉文》。当然，宋濂的《阅江楼记》也可以参考。

有一种意见认为，朱元璋决定在狮子山上建阅江楼，是为了纪念龙湾之战。所谓"龙湾"，就是指狮子山下的那一段江湾。狮子山原名青螺山，又名北山，晋元帝司马睿认为，这座山蜿蜒如龙，远接石头，可谓江上之关塞，有如北方长城线上的卢龙塞，因此就将它改名为卢龙山。卢龙山下的那一段江湾，就叫龙湾。

元朝末年，天下大乱，群雄逐鹿。1356年，北方红巾军统帅朱元璋率部打过长江，攻占集庆（南京），改集庆为应天府。1360年，南方红巾军统帅陈友谅自封汉王，率兵从太平（今安徽当涂一带）顺江而下，攻打应天府。

当时的朱元璋只有8万人马，而陈友谅则有40万人马，双方力量悬殊。朱元璋的部下因此缺乏斗志，有的想投降，有的想逃跑，有的想守城待援。朱元璋本人也很担心打不过陈友谅。正是在这个关键时刻，军师刘伯温向朱元璋面授了退敌之计。按照这个退敌之计，朱元璋利用自己的帐前指挥康茂才与陈友谅的故交关系，让康茂才给陈友谅写信，谎称应天府城内兵少将寡，鼓动陈友谅来攻城，他康茂才愿意作内应。于是双方约定6月23日子夜攻城，两军会合地点在应天府江东桥。

朱元璋断定陈友谅必来攻城，于是一面派邓愈率兵3万，准备劫陈友谅的老营，断其归路；一面派李文忠率兵2万，准备扣下陈友谅的所有船只。朱元璋亲自在卢龙山上督战，静待敌军。

陈友谅率领主力部队急匆匆地赶到江东桥，正等康茂才出来接应时，康茂才却没有出现。陈友谅得知上当，只好急匆匆地率部登船，又发现所有的船只都被李文忠扣下了。这时，朱元璋的各路人马势如破竹，冲向陈友谅的人马，顷刻间，杀得他溃不成军，被斩首和被淹死的有10多万，被俘虏的有5万多，丢失军械无数。陈友谅率残部逃往九江，朱元璋大获全胜。这就是历史上著名的龙湾之战。这个战役的特点就是以少胜多，朱元璋以8万人马打败了陈友谅40万人马。

经过龙湾之战，朱元璋确立了"群龙之首"的地位。1364年当上吴王，1368年登上皇帝宝座，建立了又一个君主专制王朝，国号"大明"，年号"洪武"。

龙湾之战无疑给朱元璋留

下了深刻印象。洪武六年（1373），朱元璋驾幸卢龙山。他发现这座山有一峰突起，高耸入云，不管是从远处看还是从近处看，都像一只狮子，于是就把卢龙山更名为狮子山。洪武七年（1374），朱元璋下诏，在狮子山上建一座阅江楼。因此就有一种比较普遍的说法：朱元璋在狮子山上建阅江楼，就是为了纪念龙湾之战。

我认为，朱元璋在他的《阅江楼记》这篇文章中，确实讲到了龙湾之战，但是，他是在什么情况下讲到龙湾之战的呢？是在讲到在狮子山上"察奸料敌"的时候。所谓"察奸料敌"，就是观察和判断敌情。讲完龙湾之战后，他接着又讲：

此楼之兴，……实在便筹谋以安民，壮京师以镇遐迩。

意思是说，如果没有这座山，他当年就难以察看敌情、判断形势，就有可能打败仗。他决定在这座山上建阅江楼，就是为了更好地筹划军事以安民心，为了壮大京师的威力以震慑远近的敌人。

当然，朱元璋也讲到阅江楼建成之后，可以在此观看"金陵故迹"，也就是南京城里的名胜古迹，观看钟山和玄武湖，观看熙熙攘攘人头攒动的市井。但是同军事上的察看敌情、震慑敌人相比，观景还不是最重要的。因此我认为，朱元璋在狮子山上建阅江楼，其意图主要有三点：

一、"察奸料敌"；

二、"壮京师以镇遐迩"；

三、"安民"。

也就是说，军事上、政治上的需要是主要的，至于观景和纪念龙湾之战，则是次要的。

朱元璋对阅江楼的建设是非常重视的，他亲自选址，亲自命名，亲自规划，并且让人打好了地基。令人难以想象的是，地基刚刚打好，朱元璋又下令：停建阅江楼。

下令建阅江楼的是他，下令停建阅江楼的也是他，这不是出尔反尔吗？俗话讲：君子一言，驷马难追。这种出尔反尔的行为，难道不会影响他这个开国皇帝的威信吗？

我想朱元璋一定想到了这种出尔反尔的后果，但是想到了，还是要下令停建，可见就是不得不停建了。

是什么原因使得朱元璋要下令停建阅江楼呢？关于这个问题，也有两种不同的意见。

一种意见认为，是因为财力不足。这个说法不能说没有一点道理，毕竟明朝开国不久，经济还在恢复之中，国家的财力确实有限。但是，财力不足还不是朱元璋下令停建阅江楼的真正原因。理由有三点：

第一，就在朱元璋下令停建阅江楼的时候，另一个更大的工程，也就是在他老家凤阳的中都建设工程仍在进行当中，并没有随着阅江楼的停建而停建。阅江楼工程的建设经费同中都工程相比，那是小巫见大巫。

第二，从1366年就开始修建的南京城墙工程也没有停下来，在朱元璋下令停建阅江楼的时候，南京城墙已经砌到狮子山的半山腰了。

第三，如果说，真的是因为财力不足而停建阅江楼，那么，以朱元璋对狮子山和阅江楼的钟爱，在后来财力充裕的时候，他就应该重建阅江楼，但是没有。阅江楼在他生前，一直未能得到重建。

由此可见，财力不足，不是阅江楼停建的真正原因。

另一种意见认为，是因为天象有异。这个说法源自朱元璋本人的另一篇《阅江楼记》，名叫《又阅江楼记》。朱元璋在《又阅江楼记》的序言中写道：

今年欲役囚者建阅江楼于狮子山，自谋将兴，朝无入谏者。抵期而上天垂象，责朕以不急。即日惶惧，乃罢其工。

说得很明白，是因为天象有异，警示他不要急着建阅江楼。那么，这个天象又是什么天象呢？

出现太阳黑子。

由于出现太阳黑子而停建阅江楼，在今天看来当然是很迷信的，但是在古人看来，这就是一个很严重的事情了。古人对太阳黑子现象是非常忌惮的，认为是"臣掩君之象"，会有杀君、亡国、天下分裂、自然灾害暴发等各种危险。

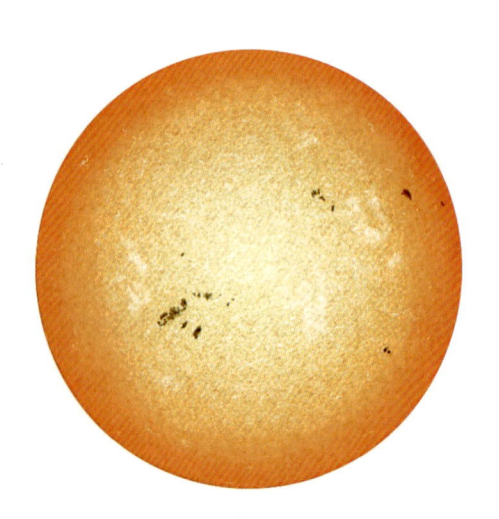

◎太阳黑子

据天文学者统计，从汉元帝永光元年（前43）到明崇祯十一年（1638）这1681年间，中国历史上出现太阳黑子共106次，其中明朝出现26次。而在明朝出现的26次中，仅在朱元璋洪武年间就出现了

19次，其中洪武七年二月（也就是阅江楼开工建设的那一年二月）出现的那一次，太阳黑子"可见五日"，也就是持续了五天才消失。（程廷芳《中国古代太阳黑子纪录分析》）

朱元璋想到，建阅江楼是自己提出来的，不是哪个臣下提出来的。但是从谋划到开工，居然没有一个臣下提反对意见，所谓"君有过而臣不谏"。正是因为"君有过而臣不谏"，上天才予以警告。朱元璋是当过和尚的人，他是信天命、畏天命的。他认为这个问题非常严重。于是就在洪武七年二月，也就是太阳黑子出现的那一个月，紧急下了一道诏书，停建阅江楼。这份诏书在今天同样找不到了，但是他在二月二十一日那一天写的那一篇《又阅江楼记》，为我们提供了重要依据。通过这篇《又阅江楼记》，我们可以察觉到他内心的恐惧和忧虑。

朱元璋在《又阅江楼记》中说，自古圣明的天子要做一件事，必定先咨询贤臣的意见，然后再着手进行。我提出建阅江楼，事先并没有咨询臣下的意见，这本身就不对。而阅江楼的建设从设计到开工，居然没有一个人反对，这就更不对了。他们不仅不反对，还千篇一律地在文章里歌功颂德，这就尤其不对了。于是，朱元璋就在这篇《又阅江楼记》里，借一个臣下之口来提反对意见。大意是说，固守江山，在德不在险。只要德被四方，人民拥护，即便不建阅江楼，又有什么关系呢？

写过这篇《又阅江楼记》之后，他又觉得以臣下的口气讲话还不够痛快，于是又写了一篇《辟阿奉文》，正面对那些阿谀奉承之人予以驳斥。他举例说，唐太宗当年大兴土木，穷兵黩武，长安有一个叫徐充容的妇女就给他写了一封信，说他劳民伤财，连年征战，"诚不可也"。

朱元璋感慨地说，如今那么多的文武大臣，居然还不如唐代一个妇女。他们一问一答，都是顺皇帝之意。他们为什么不反对皇帝？还不是想升官晋爵扬名于世嘛！朱元璋清醒地意识到，"今之同游者"已非"昔之同游者"。"昔之同游者""和而不同"，"今之同游者""同而不和"。

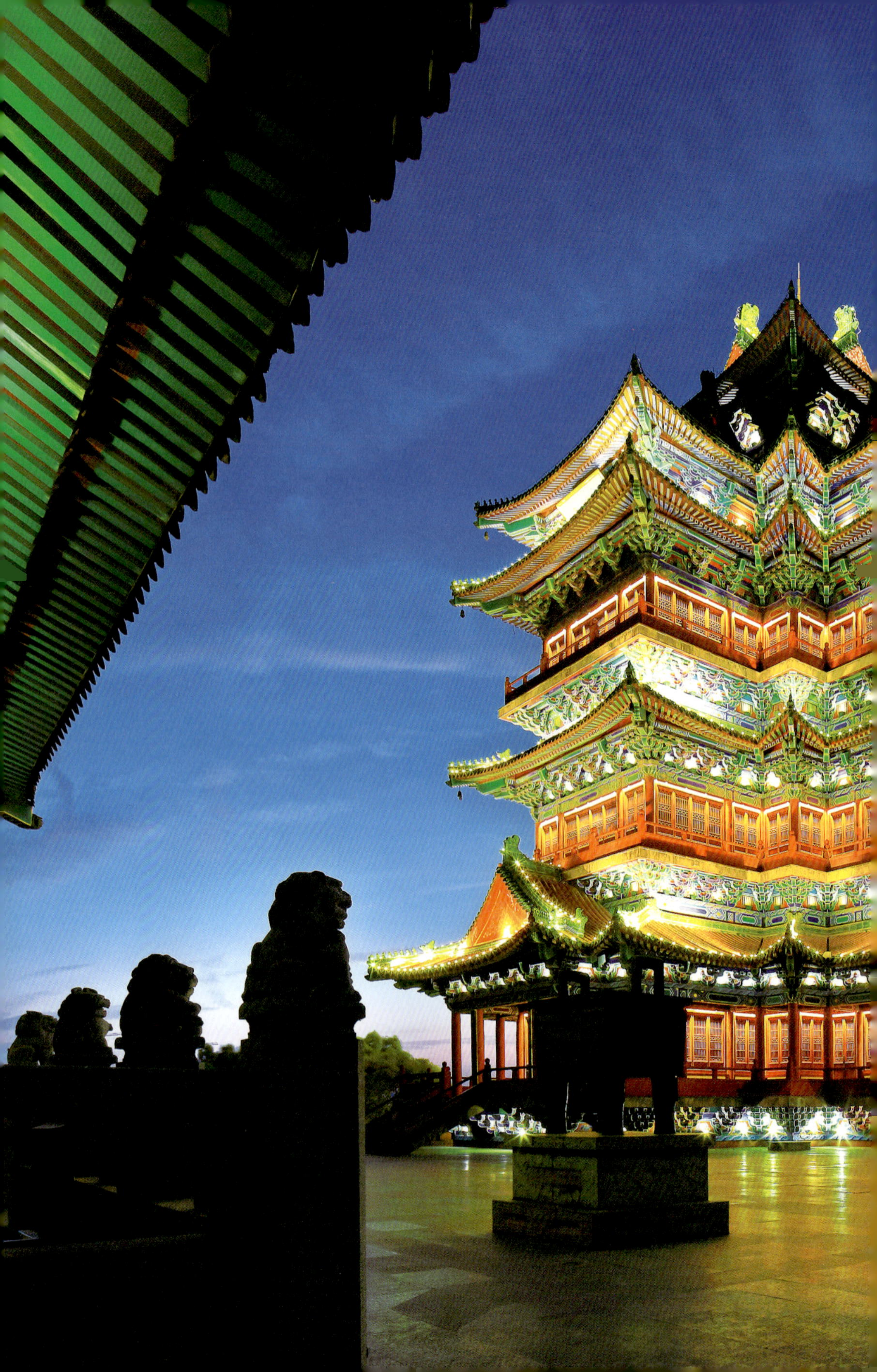

因此我认为，朱元璋停建阅江楼，不是因为财力不够，而是因为天象有异，也就是出现了太阳黑子，加上朝中竟然没有一个人提反对意见，他为此感到恐惧和忧虑。

在许多人的印象中，朱元璋是一个很专制、很霸道的皇帝，但是通过停建阅江楼这件事，我们不难发现，早期的朱元璋并非一个为所欲为的皇帝，而是一个有所畏惧的皇帝，他还能够自我反省，还希望能够听到反对的声音。皇帝能够重视反对的声音，这是王朝处于上升时期的一个特点，是可以点赞一下的。

历史上究竟有无阅江楼

那么，阅江楼在后来的600多年间究竟有没有建起来呢？关于这个问题，也有两种不同意见：一种意见可以概括为"有记无楼"说；另一种意见可以概括为"有记有楼"说。

"有记无楼"说认为，阅江楼在朱元璋的手上就停建了，此后长期只有《阅江楼记》流传，没有出现过真正的阅江楼，一直到600多年以后，阅江楼才真正建成。他们认为，朱元璋既然下令停建，就不可能在他的手上再开工。他死之后，建文帝只做了四年皇帝，而且皇位不稳，最后竟然逃跑了，跑得不知去向，他哪里有心思建阅江楼呢？接着就是朱棣夺权，把首都迁到了北京，南京只是一个陪都，他怎么可能在南京建阅江楼呢？至于朱棣的子孙，也就是明朝后来的那些皇帝，更没有理由去把南京的这个烂尾楼建起来。因此600多年间，阅江楼是"有记无楼"。（俞明《阅江楼有记无楼六百年》）

"有记有楼"说认为，明清时期，南京狮子山上有一座可以登览的阅江楼。证据之一，就是明清时期的好几位诗人都写过以《登阅江楼》或者以《阅江楼》为题的诗。例如大名鼎鼎的王阳明就写过一首《登阅江楼》，它的首尾两联是这样的：

绝顶楼荒旧有名，高皇曾此驻龙旌。

>　　登临授简谁能赋？千古新亭一怆情。

　　有学者认为，王阳明的这首诗，应该是在明正德九年（1514）他在南京任鸿胪寺卿时写的。题目叫《登阅江楼》，诗句中又有"登临授简"这几个字，说明还是有阅江楼可"登临"的，只是"楼荒"了而已。如果真的"有记无楼"，只有一个地基在那里，那他还登什么阅江楼呢？

　　证据之二，就是与王阳明同时代的、以研究南京文史著称的学者陈沂，在他的《金陵世纪》和《南畿志》这两本书里，都记载了在狮子山上有阅江楼。

　　事实上，狮子山上的阅江楼，不仅在王阳明的时代也就是明正德年间（1506—1521）存在，甚至在清初仍然存在。例如清初著名诗人顾湄就写过一首《阅江楼》，前四句是：

>　　万里长江一望收，高皇亲建阅江楼。
>　　云开蓬岛星河曙，月出卢龙天地秋。

　　清人沈德潜编的《清诗别裁集》收录了这首诗，并在诗后加了一个注释："楼在狮子山，又名卢龙山，明高皇有诗，又命宋濂作记。"

　　那么，这个阅江楼是谁建的呢？学术界没有人讲。据我的推测，有可能是明成祖朱棣建的。我这里列举两件事，供大家参考。

　　第一件事，永乐五年（1407），明成祖朱棣下诏，在南京狮子山下建了一座龙江天妃宫，也就是妈祖庙。这是因为郑和的请求。郑和于永乐三年（1405）第一次下西洋，海上来回平安，他以为是妈祖在保佑他，于是回国后就奏请皇帝敕建龙江天妃宫。此后六次下西洋，无论出发前，还是归国后，郑和都要专程来这座天妃宫祭祀妈祖。

　　第二件事，为了褒奖郑和航海的功绩，明成祖朱棣于永乐九年

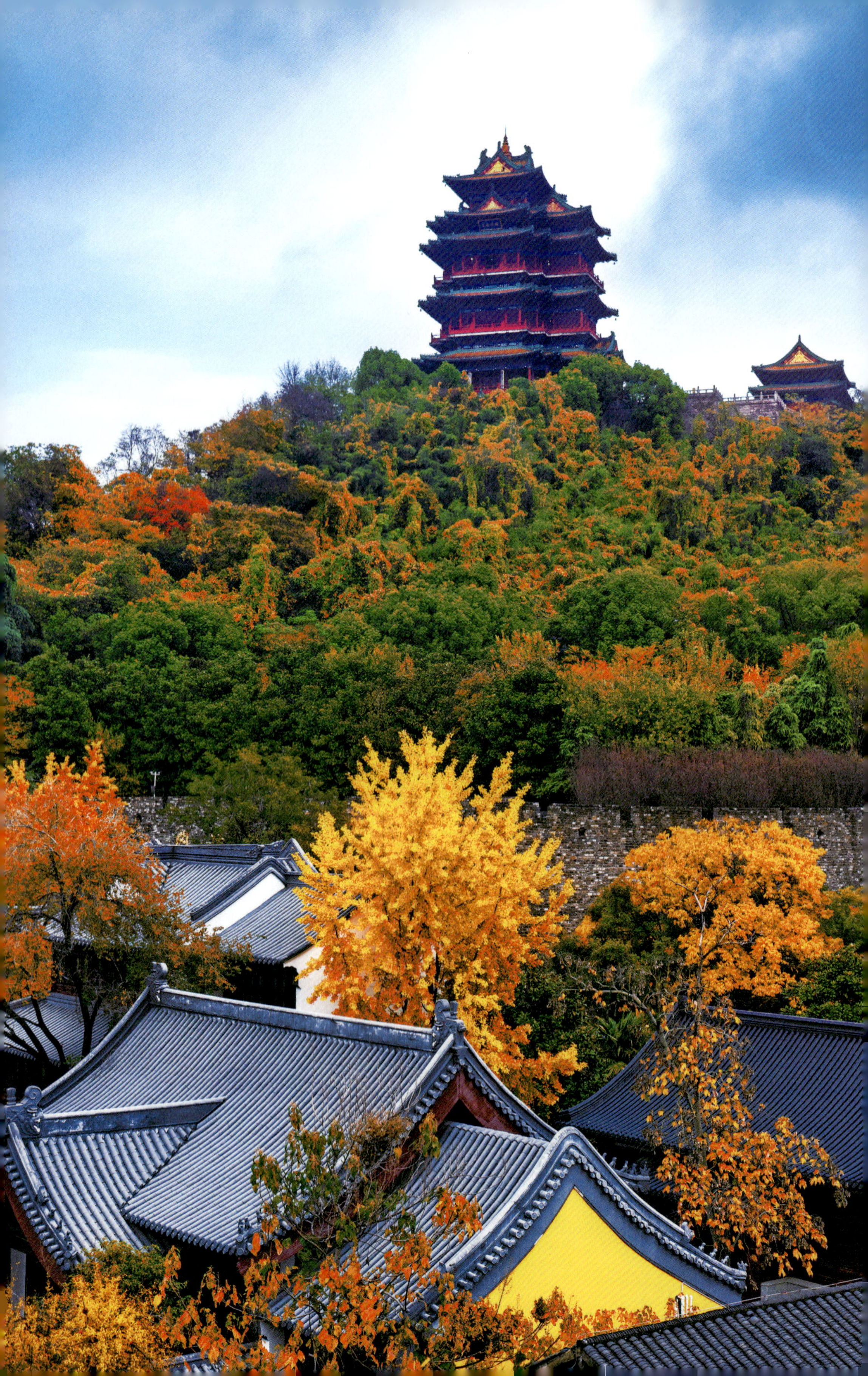

（1411）再一次下诏，在南京狮子山下建了一座静海寺。郑和下西洋时带回来的一些奇珍异兽就供养在寺内。明嘉靖四十三年（1564），李时珍曾经住在静海寺，研究郑和带回来的药用植物，增补了《本草纲目》。

著名的明清史专家孟森先生在《明史讲义》里讲到明成祖时，有这样几句话：

篡弑既成，挟太祖之余烈以号召天下，莫敢不服。

明成祖朱棣在五年之内，在狮子山下连续修建了两座庙宇，他既然要"挟太祖之余烈以号召天下"，那么有没有可能把狮子山上的那座由太祖立项的阅江楼建起来呢？我想应该是有可能的。

这个有可能由朱棣兴建的阅江楼在王阳明到来的时候就有些荒凉了，但是并没有倒塌，一直到清初著名诗人顾湄到来的时候，仍然存在。因此，南京有人讲"两记呼楼六百年"，似乎有些夸张，如果讲"两记呼楼四百年"，那就比较接近事实了。

我们现在看到的这座阅江楼，是2001年由南京市下关区政府筹资修建的，据说是按照朱元璋在《阅江楼记》中的设想来修建的，所谓"碧瓦朱楹，檐牙摩空"，不仅巍峨壮观，而且颇有皇家气象。南京人不仅在狮子山上修建了阅江楼，还在狮子山下重建了天妃宫、静海寺、仪凤门等，山上山下，构成了一个内涵丰富的文化景观群。

无论是"两记呼楼六百年"，还是"两记呼楼四百年"，都说明在相当长的时间内，阅江楼是有记无楼的。新的阅江楼的建成，终于结束了漫长的有记无楼的历史，这一点是应该充分肯定的。

开国文臣台阁体

阅江楼下

阅江楼是因为宋濂的《阅江楼记》而知名的。如果没有宋濂的《阅江楼记》，只有朱元璋的《阅江楼记》，阅江楼不可能有今天这么大的名声。

那么，宋濂的《阅江楼记》究竟写了些什么？又好在哪里呢？

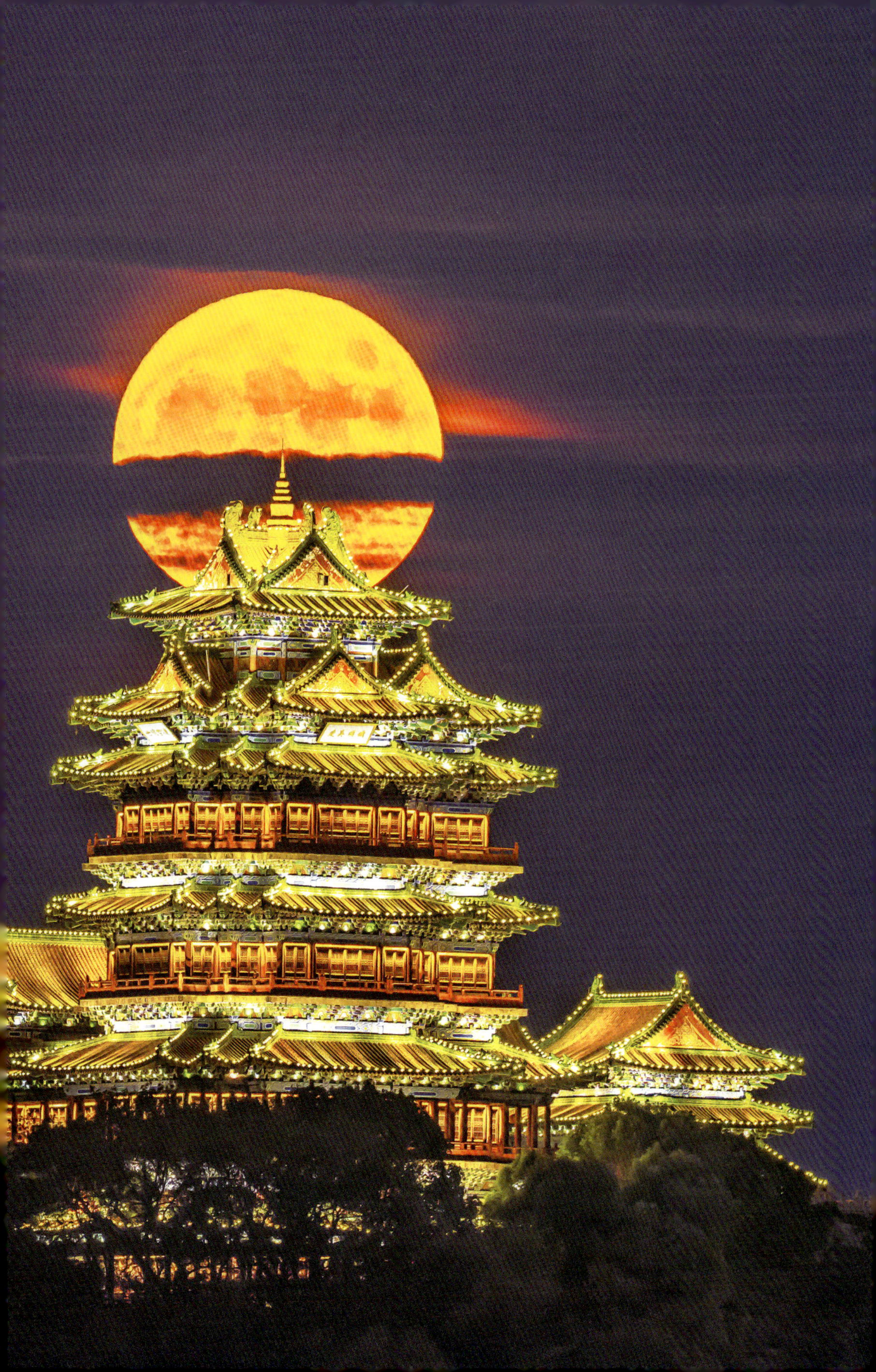

不一样的台阁体

客观地讲，宋濂的《阅江楼记》的经典性是不能和王勃的《滕王阁序》相比的，也不能和范仲淹的《岳阳楼记》相比。虽然这三篇文章都是命题作文，但是王勃和范仲淹是奉朋友之命，宋濂是奉皇帝之命。王勃和范仲淹写作的自由空间是很大的，可以说是鸢飞鱼跃、海阔天空；宋濂写作的自由空间是很小的，可以说是如临深渊、如履薄冰。写作空间影响到写作心态，写作心态影响到作品的水准，这个道理大家都明白，不用多说。

但是，宋濂的《阅江楼记》作为一篇命题作文，在众多的《阅江楼记》中是写得最好的，《古文观止》的编者吴楚材、吴调侯评点说：

> 奉旨撰记，故篇中多规颂之言，而为壮重之体，真台阁应制文字。

"规"，就是规劝；"颂"，就是颂扬。所谓"多规颂之言"，就是文章中既有规劝之言，也有颂扬之言。宋濂的《阅江楼记》作为一篇台阁应制文字，颂扬之言是免不了的，但是他很有分寸，并没有一味地颂扬。我统计了一下，全文571个字，真正属于颂扬之言的只有130余字，其余的都是规劝之言。也就是说，颂扬之言不到四分之一。

那么，宋濂在这篇《阅江楼记》里是如何对皇帝进行规劝的呢？

首先，他讲皇帝在"风日清美"之时登上阅江楼，在阅江楼上看到百川归海、万国来朝、城池高深、男耕女织这些和平景象的时候，不要沾沾自喜，不要洋洋得意，而要考虑如何更好地保江山、抚四夷、安百姓。

其次，他指出阅江楼不同于南朝时的临春阁和结绮阁，不同于五代时的齐云楼，也不同于三国东吴时的落星楼。临春、结绮、齐云、落星这些楼阁，不能说不华丽，不能说不高大，可是它们的主人在楼阁上干了些什么呢？不过是听歌观舞、饮酒作乐而已。主人贪图个人享受，荒废政事，其结果是什么呢？不言而喻，是人亡政息，江山易主，于是这些楼阁转眼之间也就消失了。这些话，实际上就是规劝皇帝，不要贪图享乐。

第三，宋濂强调说，皇帝建阅江楼，既不是用它来听歌观舞、饮酒作乐的，也不是单纯用它来观赏长江之景的，是用来做什么的呢？请看这几句：

臣知斯楼之建，皇上所以发舒精神，因物兴感，无不寓其致治之思，奚止阅夫长江而已哉？

意思是说，我知道皇帝兴建阅江楼，是用它来借景抒情、借物兴感的，而在皇上的情思里，则无不包含着致天下于太平的思考，岂止单纯地观赏长江风景？

古代贤臣向皇帝进谏，一般有两种方式：一种是"直谏"，一种是"婉讽"。"直谏"，就是直来直去地提出批评，言辞未免激烈；"婉讽"，就是委婉地予以规劝，言辞比较平和。宋濂的这篇《阅江楼记》，就属于"婉讽"这种方式。

朱元璋当年在他的《又阅江楼记》这篇文章中说，他提出在狮子山建阅江楼之后，朝中那么多的文武大臣，竟然没有一个人提反对意见，

他对此表示不满。我认为，他这话未免有些武断。因为你朱元璋不只是说要建阅江楼，而是已经开工了，你还率先写了一篇《阅江楼记》，还要求文臣每人写一篇《阅江楼记》，你已经给人一种既成事实的感觉了。在这种情况下，文武大臣还怎么反对呢？

但是，没人反对，不等于没人规劝。或者说，不反对你建阅江楼，但是在阅江楼建成之后，应该如何看待它、如何使用它、如何凭借它，还是有人提出规劝的，这个人就是宋濂。

宋濂利用朱元璋命他写《阅江楼记》的机会，规劝皇帝要居安思危、励精图治，要更好地保江山、抚四夷、安百姓，不要像陈后主等人那样，在楼上听歌观舞、流连光景、荒废政事，乃至转眼之间，楼毁而国亡。

因此，宋濂的这一篇台阁应制文就和别的台阁应制文不一样，可以说是有颂有劝，庄重得体。也许主要就是由于这个原因，这篇台阁应制文才被收进了《古文观止》，成了被人们广泛传诵的经典。至于这篇文章的语言之雅致、结构之自然、文气之充沛等等，都是明摆着的优点，这里就不多说了。

那么，宋濂究竟是一个什么样的人？他为什么会写出这种不一样的台阁应制文，写出不一样的《阅江楼记》呢？

宋濂（1310—1381），字景濂，号潜溪，浙江省金华府浦江县人。从小聪明异常，记忆力惊人。六岁入小学，老师交给他一本《李氏蒙求》，也就是唐人李翰编著的那本儿童识字课本，都是四言一句，除结尾四句外，每句介绍一个历史人物或神话人物的故事，一共621句，2484字。宋濂只用一天的时间，就把这本书全部背诵下来了。从此，他就给自己定下一个指标："日记二千言"，一天要背诵二千字的文章。到了十五六岁的时候，就不是"日记二千言"了，而是到了日记七八千言的地步。

当地有一个叫张继之的长辈，听说他的记忆力超常，就把他约到家里来，问他：一本四书经传，你多少天可以背下来？宋濂说：一个月。张继之不相信。因为四书经传，既包括《论语》《孟子》《大学》《中庸》这四部经书，还包括对它们的解释，也就是传。张继之说的四书经传，我推测就是南宋朱熹编撰的那本《四书章句集注》，这本书有多少字呢？按照中华书局版的字数，是23.5万字，如果一个月背诵这本书，就等于一天要背诵7833个字。因此张继之表示怀疑。为了检验宋濂是不是在吹牛，他就随手从书架上抽出一本杂书，叫宋濂当场背诵500字给他看看。宋濂仔细地看了一遍，就把500个字"一字不遗"地当场背了出来。（郑楷《学士承旨潜溪宋公行状》）

遍观群书

宋濂不仅记忆力超常，他的视力也超常。《明史·宋濂传》说：

濂状貌丰伟，美须髯，视近而明，一黍上能作数字。自少至老，未尝一日去书卷，于学无所不通。

形象高大，美髯公。虽然近视，但视力超强。所谓"一黍上能作数字"，就是擅长微雕，或称"米粒书画"。所谓"未尝一日去书卷"，就是没有一天不读书；所谓"于学无所不通"，就是知识渊博，不限于某一个领域，也就是我们今天所讲的通才。

像他这样的人，一生要读多少书啊，哪里有这么多书供他读呢？他家里有这么多书吗？可以肯定地说，在他小时候是绝对没有的。他后来做官了，有钱了，就多方面地几十年持续不断地购置图书，成了有明一代开私家藏书之风气的藏书家。但是在他小的时候，他家里是没有钱买书的。他小时候读书，基本上靠借。他后来写过一篇很有名的散文，叫《送东阳马生序》，这篇文章介绍了他小时候借书、还书的经历：

余幼时即嗜学。家贫，无从致书以观，每假借于藏书之家，手自笔录，计日以还，……不敢稍逾约。

他借书有一个特点，就是"计日以还""不敢稍逾约"。为了及时把书还上，他就拼命地抄书，哪怕天气再寒冷，手指冻得不能自由屈伸，他也毫不懈怠。直到把书抄录完毕，及时送还，他才安心。正因为如此，人家才乐意把书借给他，他才得以"遍观群书"。从这一篇文章，我们可以看出宋濂不仅是一个好读书的人，也是一个做事很得体的人。

元顺帝至正二十年（1360），也就是龙湾之战那一年，宋濂与刘基（伯温）同时被朱元璋征召至南京。

刘基是处州青田人，宋濂是金华浦江人，刘基的优势在计谋，宋濂的优势在文笔。两人同起于东南，同负重名，但是两人的性格差异很大。刘基为人刚直，颇有奇气。宋濂不一样，他的特点在我看来，就是四个字：谨慎得体。无论为人、做事、说话、作文，都是如此，而且几十年如一日。他为什么会写出不一样的台阁应制文？写出不一样的《阅江楼记》？就是因为他的谨慎得体。

说到宋濂的谨慎得体，就不得不说一说他居室的名称：温树。《明史·宋濂传》记载说：

> 濂性诚谨，官内庭久，未尝讦人过。所居室，署曰"温树"，客问禁中语，即指示之。

"温树"是一个典故，出自《汉书·孔光传》。说孔光这个人参与朝廷机密之事十几年，一直谨言慎行。每当休假回家，与兄弟妻子聊天，从不涉及朝廷政事。有人问他："温室省中树皆何木？"他就默不作声，然后转移话题，说别的事。

温室省就是尚书省，是孔光办公的衙门。

不言温树

孔光连温室省衙门里种些什么树都不告诉别人，可见他为官之谨慎。

孔光的这种谨慎，后来救了他。那是西汉末年，王莽专权，为了巩固自己的势力，王莽一心扶植党羽，排除异己。许多与他意见相左的大臣都被害死，其他的大臣也惴惴不安，生怕遭到王莽的猜忌，丢了性命。孔光仍用他的老办法，谨慎自守，终日清谈，不理政务。王莽觉得

这个人不像有什么野心，对自己没有什么威胁，也就顾不上理会他。孔光因此得以保全(班固《汉书·匡张孔马传》)。

后来人们就用"不言温树"这一典故，指为官谨言慎行。

宋濂就是孔光的明代版。他一生做官，绝大多数时间都在皇帝左右，无论是任翰林学士、知制诰，还是任太子赞善，任翰林学士承旨，他都在内廷工作。因此，当人家问他内廷的事，他就指一指居室门口悬挂的"温树"这两个字，他这一指，人家就不好意思再问了。

他的谨慎得体，朱元璋是最了解的。

有一次，宋濂请客人喝酒，皇帝得知后，就派人暗中监视。宋濂并不知道。第二天，皇帝问他：你昨天喝酒了没有？宋濂回答：喝酒了。皇帝接着问：跟谁一块喝酒？宋濂回答：跟谁谁谁。皇帝又问：点了哪些菜？宋濂又回答点了哪些菜，全都照实回答。皇帝笑着说："确实如此，你没有骗我。"

还有一次，皇帝让宋濂评议在职的官员，谁是好官？谁是不好的官？要照实说。评议同僚，这不是得罪人的事吗？宋濂是怎么评议的呢？他只评议那些好官，不评议那些不好的官。皇帝问他为什么只评议好的，不评议不好的？他说：好官跟我友善，我了解他们；不好的官跟我不友善，我不了解他们。皇帝一想，也是啊！

通过多年的观察，皇帝认为宋濂是一个贤人，于是在朝堂上公开表扬他。皇帝说：好人可分三等，"太上为圣，其次为贤，其次为君子"，宋濂跟随我19年，没有对我说过一句假话，没有说过别人一句坏话，始终如一。像他这样的人，就不仅仅是君子了，完全可以称为贤人（张廷玉等撰《明史·宋濂传》）。

皇帝屡次推举宋濂为"开国文臣之首"，希望宋家世世代代"与国同休"，主动提出让宋濂的子孙入朝为官。宋濂谨慎，屡次辞谢，不敢奉诏。皇帝就派人把他的长孙宋慎找来，封他为"仪礼序班"；又把他的次子宋璲找来，封他为"中书舍人"。皇帝还亲自教育这两个年轻人。皇帝笑着对宋濂说："你教育太子和诸王，我也来教育你的子孙。"那时候，宋濂已经有些老迈了，上殿时有些步履蹒跚，皇帝就让宋璲、宋慎叔侄赶紧上前去扶一扶，可以说是关怀备至了。

宋濂68岁那一年，主动提出退休。皇帝有些不舍，问他：你走之后，何时才能回来看我呢？于是就留他在京城再住几天，和他朝夕相处。临别那一天，皇帝特意送他一块华丽的丝织衣料，也就是古人说的"文绮"。皇帝问他：今年贵庚几何？宋濂回答：六十有八。皇帝说，你把这块衣料收藏好，32年之后，也就是100岁的时候，做一件"百岁衣"。真可以说是"恩礼之优，群臣莫敢望"（郑楷《学士承旨潜溪宋公行状》）。

生而得体，死亦得体

可是，朱元璋最后还是没有让他穿上"百岁衣"，仅仅四年之后，就下令处死他。

一生谨慎得体、功成身退、读书人以为楷模的宋濂，怎么会是这样一个结局呢？

原来是他的长孙宋慎卷入了"胡惟庸案"。由于长孙宋慎卷入了此案，朝廷在处理宋慎时，又把他的次子宋璲也牵扯进来了。

"胡惟庸案"是明初四大案之一，主角胡惟庸做过七年宰相，他的罪名是"图谋不轨"。史书上关于胡惟庸案的记载多有矛盾，学术界对胡惟庸案的评价也有分歧，我这里就不细说了。我要强调的是，这个案子牵连的人实在是太多了，多达三万余人。而这三万余人中，就有宋濂的长孙宋慎和次子宋璲。

皇帝认为，宋慎、宋璲参与谋反，宋濂怎么脱得了干系呢？于是就要处死宋濂。

这个时候，太子就出面求情了。因为宋濂做过10多年的太子老师。《明史·宋濂传》记载说，宋濂要求太子一言一行都要符合礼法，太子对宋濂可以说是言听计从，"言必称师父云"。

这个太子，就是朱标。此人从小受到儒家经典的熏陶，性格仁慈宽厚，可惜还没继承皇位就因病去世了。太子死后，朱元璋把皇位传给孙子朱允炆，也就是后来的建文帝。建文帝勉勉强强地干了四年，就被他的叔叔燕王朱棣

取而代之了。朱标的老师是宋濂，朱允炆的老师是宋濂的弟子方孝孺。燕王朱棣进入南京后，第一件事就是杀朱允炆的老师方孝孺，并灭他十族。这是后话。

除了太子出面求情，皇后也出面求情。这个皇后就是大脚马皇后。这个马皇后可不是一般的人，不仅知书达礼，而且性情仁厚，与朱元璋

又是患难夫妻。马皇后的父母死得早，郭子兴收养了她，视同亲生女儿。朱元璋原是郭子兴的部下，很受器重，但是有一段时间也受到郭子兴的猜忌，日子不好过。有一年闹饥荒，朱元璋经常饿肚子，马皇后就把家里的炊饼偷出来，揣在胸口，送给朱元璋吃。等她到达朱元璋的军营拿出炊饼时，发现胸口的皮肤都被炊饼烫伤了。因此朱元璋对她一直都很尊重。

《明史·太祖孝慈高皇后传》记载说，宋濂由于受孙子宋慎的牵连，被人从老家押解到南京，判处死刑。这时候，马皇后就劝谏皇帝。她说："老百姓为子弟延请师傅，尚且以礼相待，善始善终，何况是天子之家？"但皇帝不听劝谏。

一向尊重皇后的朱元璋，居然不听皇后的劝谏。怎么办呢？等到两个人一起进餐的时候，皇后就不肯饮酒，也不肯吃肉。皇帝就问她：这是何故？皇后说："宋先生要死了，我不能饮酒吃肉，我要为他祈福。"皇帝听到这话，为之动容，自己也放下了筷子。第二天，皇帝下令：赦宋濂不死，安置茂州。

朱元璋怜爱太子，又一向尊重马皇后，由于他们的苦苦求情，他才网开一面，只处死了宋慎和宋璲，而把72岁的宋濂和他的全家老小都发配到茂州（今四川茂县一带）。

但是宋濂并没有走到茂县，他走到夔州（今重庆奉节境内）就死了。死因不明。有人说是病死的，他的弟子方孝孺说是自杀。我认为，根据他一生谨慎得体的为人来判断，自杀的可能性是比较大的。像他这样一个一生谨慎得体、一生感戴皇帝恩德的人，可以说是做梦都没想到自己的儿孙会卷入谋反案，做梦都没想到自己一世清名会毁于一旦。既如此，他还有什么颜面去面对那些以他为楷模的读书人呢？也许在他看来，落到这样一步田地，自杀才是最得体的，苟延残喘又算什么呢？

生而得体，死亦得体。为官得体，为文亦得体。《阅江楼记》就是一个得体之人的得体之作，因为得体，才被收进了《古文观止》，成了经典。

由于《阅江楼记》成了经典，那么阅江楼就得重建，不能长期"有记无楼"啊！

镇海楼

层楼高踞越王台

〔镇海楼上〕

镇海楼 位于广州市越秀山小蟠龙冈明清古城墙的最高处，最初叫"望海楼"，后来改名"镇海楼"。因楼高五层，又叫"五层楼"。

明洪武十三年（1380），镇守广东的永嘉侯朱亮祖把宋代广州城的东城、西城、子城合而为一，又向北开拓800余丈，把北城墙扩展到越秀山上，然后在北城墙的最高处建了一座五层楼，取名为"望海楼"。

望海楼的这个"海"不是指南海，是指珠江。那个时候的珠江河道很宽，比今天至少宽三倍，一片浩瀚，像海。屈大均的《广东新语》在讲到广州的方言土语时说：

廣州博物館

> 凡水皆曰海，所见无非海也。出洋谓之下海，入江谓之上海也。

在今天的广州市内，还有许多以"海"命名的景观，例如海珠桥、海印桥、海心沙、海幢寺等，这个"海"都是指珠江，不是指南海。

明成化年间（1465—1487），望海楼遭遇一场大火，被烧成一片瓦砾。明嘉靖二十四年（1545），提督蔡经与侍郎张岳重建望海楼。由于当时东南沿海一带倭寇猖獗，海疆不宁，需要强化海防，于是张岳就将重建的望海楼改名为"镇海楼"，取雄镇海疆之意。也就是从这个时候开始，这个楼才叫镇海楼。在此之前的160多年间，一直叫望海楼。但是许多人更习惯于叫它"五层楼"，直到今天也是这样。

屈大均的《广东新语》又说：

> 广州有崇楼四，……四楼唯镇海最高，自海上望之，恍如蜃蛤之气，白云含吐，若有若无……其玮丽雄特，虽黄鹤、岳阳莫能过之。

屈大均说在"海上"可以望到镇海楼，这个"海"也是指珠江。在明清时期的广州，最高的建筑就是镇海楼。镇海楼建在城北越秀山的最高处，坐北朝南，地理位置非常好。站在这座楼上，不仅可以俯瞰整个广州城，还可以看到浩瀚的珠江，视野非常开阔，因此被誉为"岭南第一胜概"，又是明清以来的"羊城八景"之一。过去有这样一句话，"未登五层楼，不算到广州"。

据史料记载，镇海楼在历史上经历过六次修缮，三次重建。在明清时期，一直是砖、石、木结构，由于多次被烧毁，在1928年第三次重建时，就改为砖、石、混凝土结构。但是规制仍然和过去一样，高25米，阔31米，深16米，呈长方形。下面两层围墙用红砂岩条石砌成，三层以上用青砖砌成，逐层收减。复檐五层，盖绿色琉璃瓦，饰彩釉鳌鱼花脊，是一座富有岭南特色的古城楼。

1929年，镇海楼被辟为广州市立博物馆，一直沿用到今天。现在是全国重点文物保护单位。

民国时期，广东诗人邓圻同写过一首以《镇海楼》为题的诗：

> 层楼高踞越王台，一抹彤云曙色开。
> 摘斗摩霄凝望处，英雄继往又开来。

这首诗的第一句告诉我们，镇海楼是建在越王台的旧址上的，也就是说，镇海楼的所在地，就是越王台的所在地。

屈大均在《广东新语》一书中两次讲到越王台的位置：

> 赵佗有四台，其在广州越秀山上者，曰越王台，今名歌舞冈。

> （朝汉）台西有歌舞冈，乃佗三月三日修禊之处。刘䶮叠石为道，名曰呼銮。

赵佗就是西汉前期的南越王，他在南越国境内建了四座台，其中在越秀山上就建了两座，一座叫朝汉台，一座叫越王台。刘䶮就是五代十国时期的南汉皇帝，他在越秀山上建了一个歌舞冈，又用石头铺了一条由山下通往歌舞冈的道路，叫呼銮道。

邓圻同讲，镇海楼的所在地，就是越王台的所在地；屈大均讲，越王台的所在地，就是歌舞冈的所在地。由此看来，南越王赵佗所建的越王台，与南汉皇帝刘䶮所建的歌舞冈，还有明代永嘉侯朱亮祖所建的镇海楼，都在同一

镇海楼的前世今生

地址，也就是越秀山小蟠龙冈上。换句话说，镇海楼的前身就是歌舞冈，歌舞冈的前身就是越王台。先有越王台，再有歌舞冈，最后有镇海楼。

那么，永嘉侯朱亮祖为什么要在越秀山上建镇海楼，并且要把它建在越王台和歌舞冈的旧址小蟠龙冈上呢？综合明清时期多位学者的意见，原因有三：

第一，为了军事防御。古人讲，争城者必争山，争山者必争楼。越秀山是广州城内最高的一座山，越秀山的最高处又是小蟠龙冈，在这里建一座 25 米高的城楼，就可以瞭望城内外，起到军事防御的作用。

第二，为了观景。在广州城北的越秀山小蟠龙冈上建一座五层楼，坐北朝南，居高临下，正如屈大均所讲的，可以"壮三城之观瞻"，是一个很好的观景平台。

第三，为了镇"王气"。有一个传说讲，朱亮祖镇守广东时，做了一个怪梦。他梦见越秀山上飞起一条赤龙，对面海中（珠江）飞起一条青龙，两条龙恶战良久，最后青龙不支，潜入海中。第二天，朱亮祖召集幕僚解梦，但众说纷纭。朱亮祖把这个梦告诉朱元璋，朱元璋让刘伯温解梦。刘伯温说赤龙就是皇上，青龙就是海妖，建议在越秀山上建一座楼以镇妖，可保大明江山永固。于是朱亮祖便在山上建起五层楼，即望海楼，也就是后来的镇海楼。

传说不一定可信，但是我们在明清学者的著作里，确实多次看到相关记载。例如明代学者王临亨就在《粤剑篇》里这样讲：

> 会城五层楼在城之北山，……有言会城地脉自西北诸山来，凝结于此，盖王气所聚也，故作高楼镇压之。

清代康熙年间的广东巡抚李士桢甚至讲，这种王气，往往数百年而一聚。他举例说，秦汉时有赵佗在这里称王，五代时有刘䶮在这里称

帝，直到明洪武十三年朱亮祖在越秀山上建五层楼以镇王气，广州这个地方才平安无事。(李士桢《重建镇海楼记》)

"王气"之说，在今天看来无疑是一种迷信，但是朱亮祖把望海楼建在越王台和歌舞冈的原址上，却是事实。因此，要想讲清楚镇海楼的来龙去脉，还得先讲讲南越王赵佗建的越王台，以及南汉皇帝刘䶮建的歌舞冈。

◎镇海楼

越王台上生秋草

秦始皇三十三年（前214），秦朝统一岭南，在岭南设立南海、桂林和象郡三郡，任嚣（áo）任南海郡尉，赵佗任南海郡龙川县令。秦朝末年，中原大乱，战火纷飞。正是这个时候，任嚣病危。任嚣把赵佗招来，让他代理南海郡尉，嘱咐他"绝道闭关""聚兵自守"，不让战火烧到岭南。

赵佗（？—前137），真定（今河北正定）人。他继任南海郡尉之后做的第一件事，就是把从中原通往岭南的横浦、阳山、湟溪这三个关塞封闭起来（司马迁《史记·南越尉佗列传》），另外又新建了几个关塞，加强防守，保境安民。阮元《广东通志》讲：

> 天下大乱，而南海晏然，不被兵革，任嚣、赵佗之功也。

公元前204年，赵佗在先后控制了南海、桂林和象郡三郡之后，建立了南越国，自称南越王。

南越国的都城就是秦代南海郡的郡治番禺，当时叫"番禺城"。"番禺城"的位置就在今广州市越秀山南麓，方圆四十里。

赵佗除了在越秀山南麓建番禺城，还在越秀山上建了一座越王台，"为三月三日修禊之处"。（仇巨川纂、陈宪猷校注《羊城古钞·古迹》）

"三月三日"就是上巳节。古代以"干支"纪日，三月上旬的第一个巳日，谓之"上巳"，又叫"三月三"，或者"重三"。所谓"修禊"，就是祭祀。赵佗在越秀山上建越王台，就是为了每年三月三的祭祀。"三月三"作为一个传统节日，在今天的汉族地区已经被许多人遗忘了，但是在西南少数民族地区仍然是一个隆重而盛大的节日。

　　刘邦建立汉朝之后，既要应对北方强大的匈奴，又要平定国内的诸侯之乱，而中原地区又久经战火，人口锐减，经济凋敝。在内外交困的形势下，只好对南越国采取怀柔政策，承认赵佗称王这一既成事实。等国内形势稍微好转，刘邦就派遣陆贾出使南越国了。赵佗很明智，听从了陆贾的意见，接受了汉朝的册封，成为汉朝在岭南的一个异姓王。（司马迁《史记·郦生陆贾列传》）

　　为了表示对汉朝忠心不二，赵佗除了按时向朝廷进贡，还在越秀山的北面，也就是与越王台"相距咫尺"的地方，修建了一座朝汉台。每逢初一、十五，他就登上朝汉台，望北而拜。

　　刘邦死后，吕后执政。吕后听信长沙王的谗言，"别异蛮夷，隔绝器物"，推行一套歧视岭南的政策，断绝了中原与岭南的贸易往来，还扣留了南越国派到长安的使臣，甚至诛杀了赵佗在真定的兄弟，挖了赵佗父母的坟墓。

　　由于吕后的一系列错误，迫使南越国与汉朝对立。公元前183年，赵佗在岭南称帝，自号"南越武帝"，并发兵攻打长沙国的边境。

　　汉文帝即位后，纠正了吕后的错误。他派人修复了赵佗父母的坟墓，赏赐了他还健在的兄弟，并给他们安排了官职。最后，汉文帝修书一封，交给陆贾，命他再次出使南越国。

　　赵佗再次见到陆贾，又看到汉文帝言辞恳切的亲笔信，内心恐惧，顿首谢罪，立即表示取消帝号，臣服汉朝，仍称南越王。陆贾离开岭南时，赵佗交给他一封《报文帝书》。书中说：

> 老夫……北面而臣事汉，何也？不敢背先人之故。

先人在中原，根在中原，怎么能够背叛中原而与汉朝为敌呢？应该说，这是赵佗的真情告白。

南越王赵佗在位67年，活了104岁。他死之后，南越国还延续了26年，直到元鼎六年（前111）被汉武帝派兵平定。一共经历了五代国王，存续93年。

秦始皇平定岭南的时候，岭南还是一个不开化的"南蛮之地"，到汉武帝平定南越国的时候，岭南的经济、文化发展水平已接近中原。尤其是南越国的都城番禺，相当繁荣，是西汉时期全国九大都会之一。在岭南由"南蛮之地"走向文明的过程中，南越国功不可没。尤其是第一代南越王赵佗，可以说是一个深明大义的人。他为维护国家统一、为南北经济文化的交流、为岭南地区的开发、为老百姓的安居乐业，立下了汗马功劳，因此被称为"开发岭南的第一功臣"。

一千年后，也就是唐德宗贞元年间（785—805），有一位叫崔子向的诗人在广州担任南海从事，有一天，他登上了越秀山，写了一首《题越王台》：

> 越井冈头松柏老，越王台上生秋草。
> 古木多年无子孙，牛羊践踏成官道。

所谓"越井冈"，就是指越王台。北宋南海县主簿郑熊所著《番禺杂志》说：越井冈，"一名台冈，一名越王台"。（方信孺撰、刘瑞点校《南海百咏》）这首诗的意思是说，由于年代久远，越王台前的松树、柏树都老朽了，台上也长满了秋草。所谓"古木多年无子孙，牛羊践踏成官道"，表面上是说越王台前边的小树、荆棘、杂草等都被牛羊踏平了，成了一条官道，实际上是感叹南越王赵佗无子孙，他的子孙在汉武帝平定南越国时都被杀光了。

晚唐以后，国家再次陷入分裂割据状态，短短的50余年之间，在中原先后出现了梁、唐、晋、汉、周五个朝代，与此同时，还有前蜀、后蜀、荆南、楚、吴、吴越、南唐、闽、南汉、北汉等10个小国家，所谓"五代十国"。真是"乱哄哄你方唱罢我登场"。

公元917年，岭南节度使刘䶮在广州称帝，国号大越，第二年改国号为汉，史称南汉。南汉一共经历了四个皇帝，存续55年。南汉的疆域在中宗刘晟时期，拥有整个南越国故地。

南汉前期，强调以文治国，励精图治，在政治上还是比较清明的，经济上有较快的增长，文化上也有不俗的表现。但是南汉高祖刘䶮到了他的晚年，就变得很糟糕了。一是残暴，用各种惨无人道的、历史上闻所未闻的酷刑来对待他的臣民；二是奢靡。据《旧五代史·刘䶮传》记载：

> （䶮）惟厚自奉养，广务华靡，末年起玉堂珠殿，饰以金碧翠羽。

刘䶮作为南汉国的第一代皇帝尚且如此，他后面的几个皇帝更是有过之而无不及。一个比一个残暴，一个比一个奢靡。

南汉皇帝在奢靡上有一个共同点，就是大造宫殿和园林。据史书记载，南汉的宫殿多达数百个，另外还有大量的园林，所谓"三城之

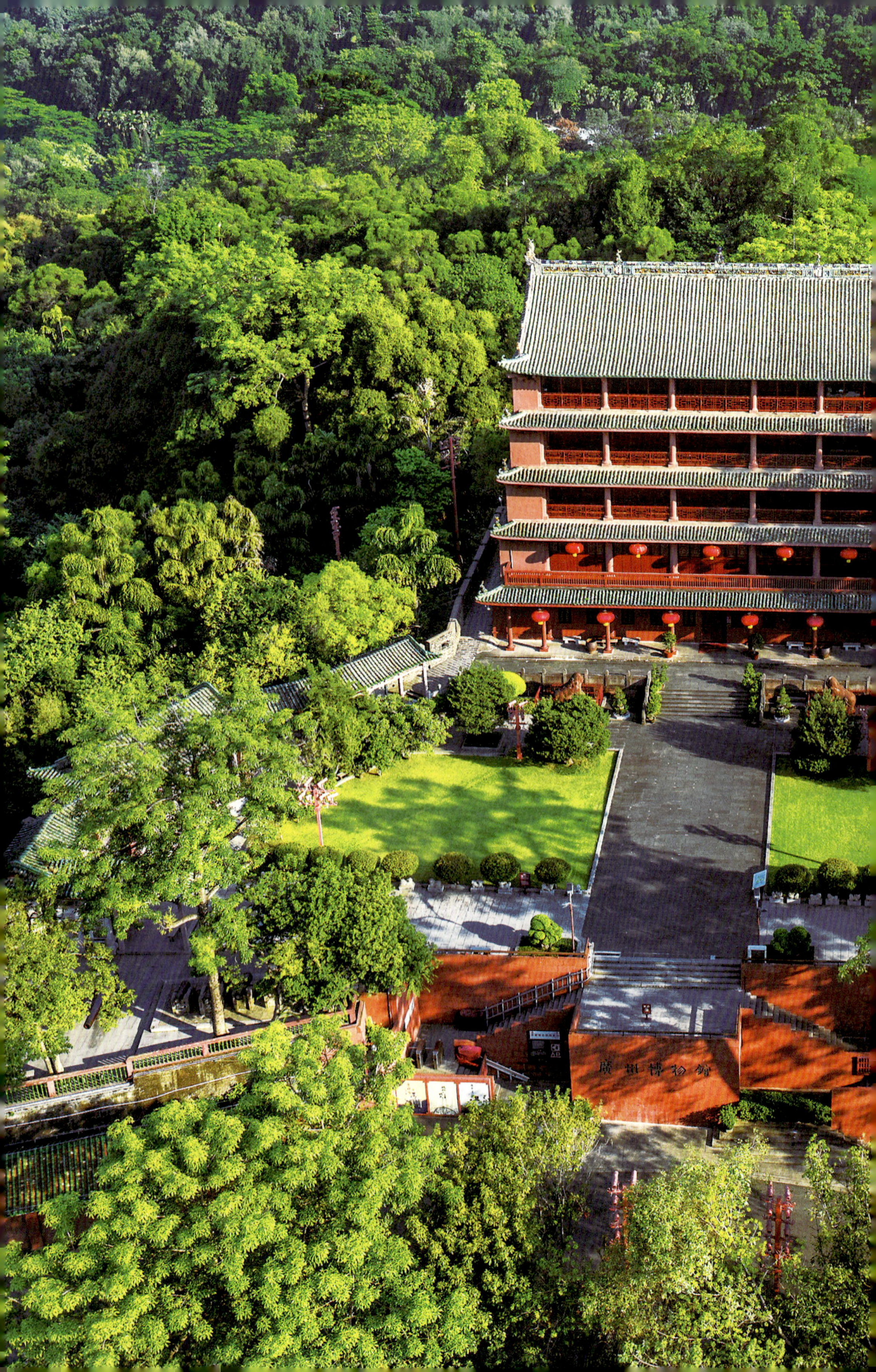
廣州博物館

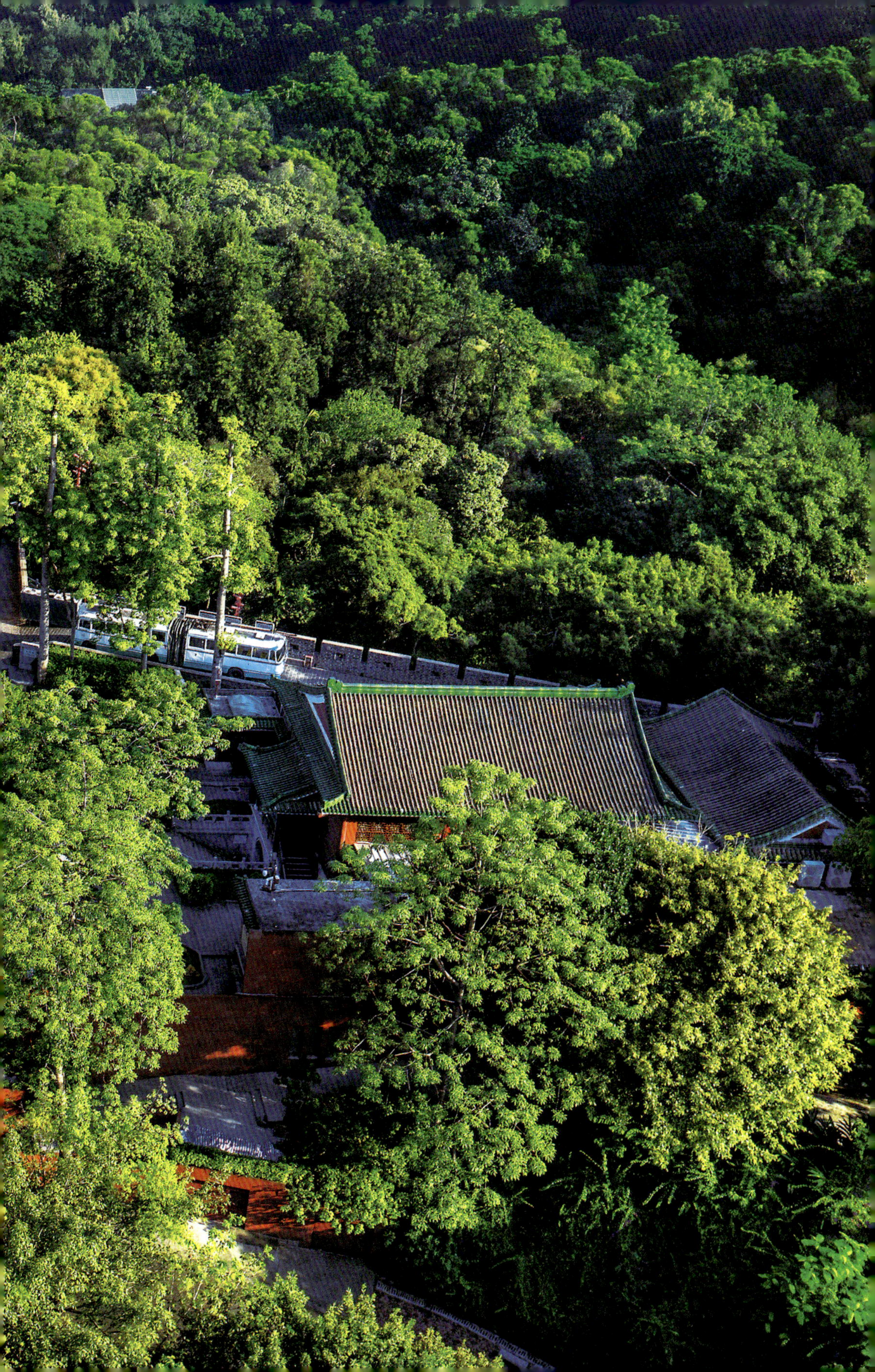

地，半为离宫苑囿"。由于城里的土地都被皇室占了，老百姓只有迁居城外。

南汉皇帝在越秀山上的园林建筑，最主要的就是呼銮道和歌舞冈。据清代学者仇巨川的《羊城古钞》一书记载：

> 刘龑叠石为呼銮道，沿道而登，折而北有歌舞冈，即尉佗三月登高处。刘龑时夹道栽花、建楼观于其上，为九日登高游。

"呼銮道"，就是登上越秀山的道路；"銮"，就是皇帝车驾上的铃铛，这里指皇帝的车驾。由于这条道路是为皇帝上山修建的，皇帝上山时，总是车马喧阗，铃铛作响，因此就叫"呼銮道"。尉佗就是赵佗，"尉佗三月登高处"就是越王台，南汉皇帝刘龑在越王台的旧址上建了歌舞冈。

如果说，赵佗在这里建越王台，是为了每年三月三日也就是上巳节的祭祀，那么刘龑在这里建歌舞冈，则是为了每年九月九日也就是重阳节的登高。

南汉的最后一个皇帝叫刘鋹（chǎng）。此人平庸而懦弱，没有能力治国，大小政事都一律交给宦官。970年，宋太宗发兵平定南汉。第二年，刘鋹投降。令人发指的是，刘鋹在投降之前，居然让宦官放了一把火，把南汉的府库全都烧成了灰烬，然后全族迁往汴京。

刘鋹到了汴京之后，和南唐后主李煜不一样。李煜是"此中日夕只以眼泪洗面"，不掩饰自己的悲伤。刘鋹为了保住性命，整天装出一副乐呵呵的样子。结果李煜被宋太宗下药毒死，刘鋹的圆滑世故、阿谀奉承，则使他有惊无险，得到善终。据史书记载，有一天，宋太宗在长春殿设宴，为即将带兵攻打北汉的潘美等将领饯行，当时被囚禁在汴京的几个降王包括南汉国主刘鋹、吴越国主钱俶（chù）、南唐国主李煜等也都应邀出席。刘鋹在酒席上借机讨好宋太宗说：

"朝廷威灵及远，四方僭窃之主，今日尽在座中。旦夕平太原，刘继元又至。臣率先来朝，愿得执梃，为诸国降王长。"上大笑，赏赐甚厚。

——李焘《续资治通鉴长编》卷十二

刘继元就是北汉国主。"梃"，就是木棒。刘鋹说，他是第一个投降的，资格最老，他愿意执棒为"降王长"。这样讲，宋太宗当然就很开心了。刘鋹的这个"降王长"的称号就是这样来的。

明朝万历年间，著名诗人王世贞到了广州，上了越秀山，写了一首题为《歌舞冈》的诗：

歌舞冈前辇路微，昌华故苑想依稀。

刘郎去作降王长，斜日红棉作絮飞。

"辇路"，就是从山下通往歌舞冈的那条"呼銮道"；"昌华故苑"，是南汉在城里修建的一处著名园林，故址在今天的广州荔枝湾，方圆四十里。这首诗讲，自从"刘郎去作降王长"之后，也就是南汉亡国之后，歌舞冈也好、呼銮道也好、昌华苑也好，全都荒废了，诗人眼前所见的，只有斜阳下的红棉花絮在上下翻飞。

南汉与南越，都是国家处于分裂时期在岭南建立的地方政权，随着国家的统一，这两个地方政权早已灰飞烟灭，他们在越秀山上修建的越王台和歌舞冈也早已化为尘土。但是，由于镇海楼建在越王台和歌舞冈的原址上，当人们登上镇海楼时，还是会很自然地想起南越和南汉往事。

登高人上五层楼

镇海楼下

在镇海楼的第五层，悬挂着一副很有名的对联：

万千劫危楼尚存问谁摘斗摩霄目空今古
五百年故侯安在使我倚栏看剑泪洒英雄

这副对联的作者，就是晚清重臣彭玉麟。它表达了什么意思呢？

我们先看上联。"危楼"就是高楼。"万千劫危楼尚存"，是说镇海楼虽然经历了许多劫难，但依然高高地耸立在那里。据文献记载，历史上的镇海楼，一共经历过六次修缮，三次重建。在彭玉麟写这副对联的时候，已经历过四次修缮，两次重建。"万千劫危楼尚存"这七个字，可以说是很简洁地概括了镇海楼的沧桑史。"斗"是星斗，"霄"是云霄。"摘

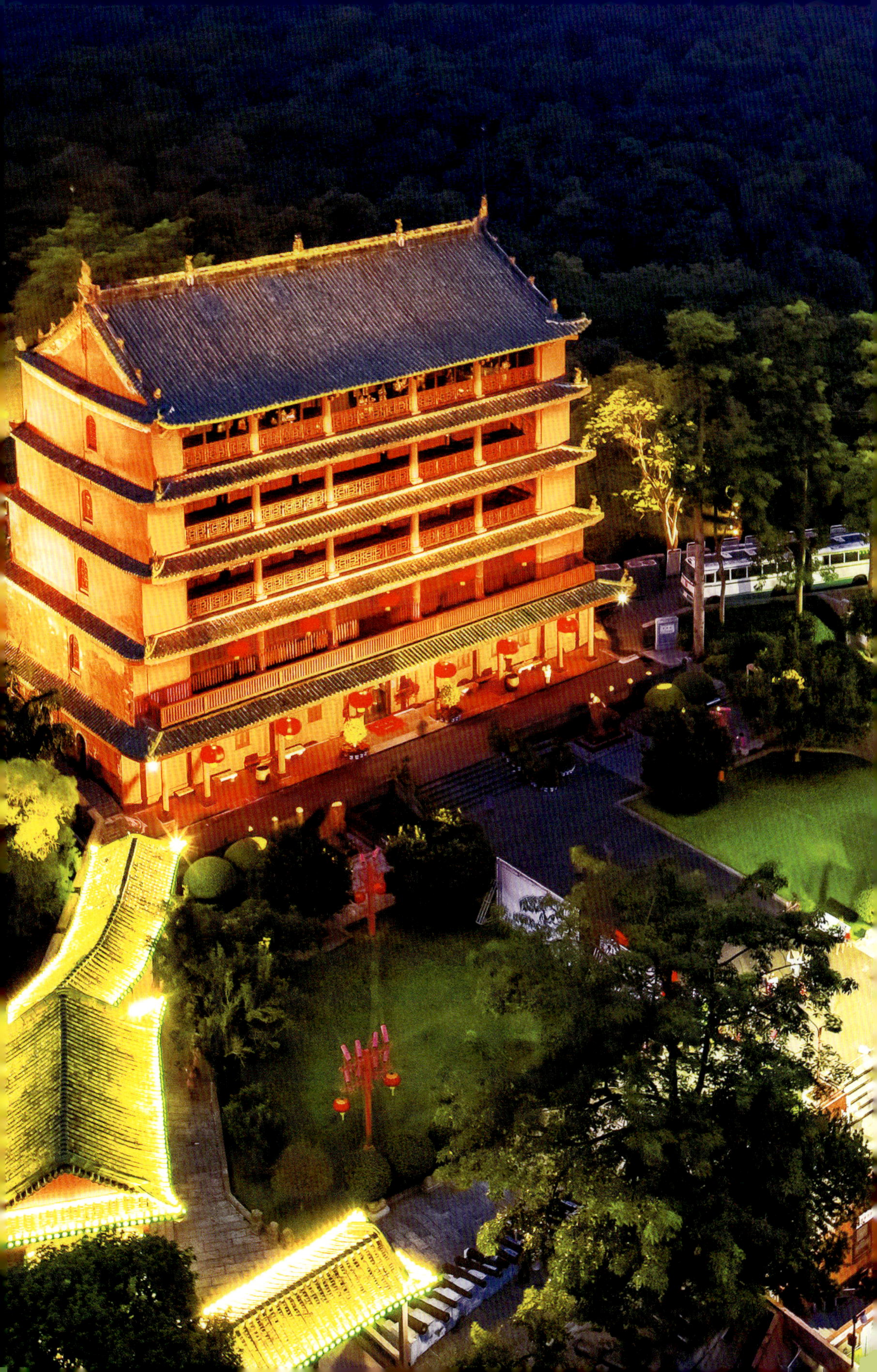

◎彭玉麟所作镇海楼对联

斗摩霄，目空今古"，是写登楼者的那种壮志凌云、纵览古今的气概和胸襟。

再看下联。"故侯"，是指永嘉侯朱亮祖。朱亮祖是明初人，死于1381年，也就是他在广州建镇海楼的第二年。彭玉麟是晚清人，他在中法战争期间到广东监督防务，把自己的厅事（办公室）设在镇海楼第三层，是在1883年。从朱亮祖之死到彭玉麟设厅事于镇海楼，其间相距502年。"五百年故侯安在，使我倚栏看剑，泪洒英雄"，既表达了对朱亮祖的一种怜悯，更表达了自己壮志未酬的一种悲愤。

那么，朱亮祖究竟是一个什么样的人，他的结局如何？彭玉麟又是一个什么样的人，他在广东的遭遇又如何呢？

五百年故侯安在

据《明史·朱亮祖传》记载，朱亮祖是六安（今安徽六安市）人。他本是元朝的一个元帅，后来被朱元璋擒获。朱元璋欣赏他的勇敢彪悍，不仅没有杀他，还赐他金币，让他在自己的队伍里继续当元帅。但是几个月后，朱亮祖反水了，再次效忠于元朝，占据宣城，多次与朱元璋的部下交战，连徐达、常遇春这样的名将都拿他没办法。于是朱元璋亲自督战，再次擒获了他。朱元璋问他："你还有什么好说的？"朱亮祖回答："生则尽力，死则死耳。"我没什么好说的，你让我活，我就为你效力；你让我死，我就死了算了。朱元璋欣赏他的豪壮，再次给他机会。从此以后，朱亮祖就死心塌地效忠于朱元璋，先后率兵攻下了今江西、湖北、福建、浙江境内的10多座城市，立下了累累战功。

洪武元年，朱亮祖又随征南将军廖永忠平定了广东和广西。当他班师回南京的时候，皇太子率百官在狮子山下的龙湾迎接。洪武三年，朱亮祖受封永嘉侯。洪武十二年，奉命镇守广东。洪武十三年，扩建广州城，修建望海楼，也就是今天的镇海楼。

但是朱亮祖这个人也有致命的问题。《明史·朱亮祖传》说他"勇悍善战"，但是"不知学，所为多不法"。不读书，不学习，居功自傲，多行违法乱纪之事。当时广州番禺县有

一个叫道同的知县，这是一个刚正不阿、执法严明的人，不管你多大的官，有多大的来头，只要你违法乱纪，他就敢治你。《明史·道同传》记载了这样两件事：

第一件事。番禺有一帮土豪，垄断了市场上所有精品货物的买卖，谁有不满，他们就诬陷谁，让谁受罪。道同得知后，就在大街上把为首的那个土豪用枷锁枷起来，关进大牢，借以杀一儆百。果然，其他的土豪就很紧张了，纷纷向朱亮祖行贿，乞求免罪。朱亮祖就把道同招来，叫他放过这些土豪。道同严厉质问他："你是朝廷大臣，怎么能受这一帮小人驱使？"但是朱亮祖更强势，干脆就把那个被关押的土豪放了，还找个借口把道同鞭打了一顿。

第二件事。番禺有个姓罗的土豪把女儿嫁给了朱亮祖，于是土豪的兄弟就倚靠朱亮祖这棵大树在当地为非作歹。道同把土豪的兄弟抓起来，但是朱亮祖又把他放了。

道同很气愤，就把朱亮祖在广州包庇坏人、违法乱纪的事实梳理了一遍，向皇帝参了他一本。没想到道同的奏本还没到南京，还在路上走，朱亮祖参道同的奏本已经先期到达了，所谓"恶人先告状"。朱亮祖的奏本说，道同诽谤朝廷，狂傲无礼。皇帝不知情，龙颜大怒，派使者到番禺，就地诛杀道同。没想到使者刚刚离开南京，道同的奏本也到了。皇帝一看就醒悟了。心想道同这么一个小小的七品芝麻官，居然敢检举朱亮祖这个位高权重的侯爷，弹劾他的不法行为，可见是一个不畏权势、刚正不阿的人。这样的人，不正是朝廷需要的吗？于是再派一个使者，令他立即赶赴番禺赦免道同。两个使者同一天抵达番禺，但是后一个使者还是晚了一步，道同已经人头落地。

皇帝得知道同已死，很懊恼，很愤怒，于是就把朱亮祖召回南京，下令把他和他的长子朱暹（xiān）同时鞭死。

道同是一个刚正不阿、执法严明、敢于反腐打黑的基层官员，而朱

亮祖则是一个居功自傲、包庇坏人、违法乱纪的权贵，但是彭玉麟的这一副对联，似乎对朱亮祖怀有悲悯之心，所谓"五百年故侯安在，使我倚栏看剑，泪洒英雄"，这是什么意思呢？难道彭玉麟也是朱亮祖这样的人吗？

如果我们只了解朱亮祖的为人，但不了解彭玉麟的为人，仅仅是从字面上看这一副对联，我们是有可能把他们归为一类人的。如果我们既了解朱亮祖的为人，也了解彭玉麟的为人，我们就会明白，彭玉麟写这样一副对联，是有他的特殊用意的。

那么，彭玉麟为什么会写这样一副对联？他在其中究竟寄托了什么样的情感呢？这就要讲一讲彭玉麟为什么会来广东，又在广东干了些什么了。

◎镇海楼

凭栏处泪洒英雄

彭玉麟（1816—1890），字雪琴，号退省庵主人。祖籍湖南衡阳，出生于安徽安庆。他原是湘军的一个重要将领，亲手创建了湘军水师，被称为"近代中国海军的奠基人"。后来做到两江总督、南洋通商大臣和兵部尚书。

1883年，中法战争爆发。1883年8月，法军攻占越南顺化，迫使越南签订了《顺化条约》，强行占领了越南，并要求清政府撤出驻越军队，开放云南边界。1883年12月11日，法军进攻协守越南山西的清军和黑旗军，中法战争正式爆发。由于清军节节败退，法军很快占领了红河三角洲地区。

面对如此严峻的形势，清廷内部形成了主和与主战两派。主和派以李鸿章为代表，主战派以左宗棠、曾纪泽为代表。彭玉麟属于主战派。

1883年11月9日，也就是中法战争爆发前一个月，68岁高龄的彭玉麟奉清廷之命，从老家衡阳出发，前往广东主持两广防务，驻兵镇海楼，设厅事（办公室）于第三层。

彭玉麟到广东后做的一件很重要的事情，就是整顿海防。在此之前，清廷曾先后督促两广总督曾国荃和张树声筹办海防，但曾、张二人受李鸿章妥协路线的影响，一直都在敷衍，尤其是对虎门口外的大角、沙角等要塞，没有予以应有的重视，旧有的炮台"大半废而不修"。彭玉麟认为，虎门是广州的第一门户，守住了虎门，就守住了广州。而要守住虎门，就必须对虎门口外的大角、沙角等要塞严加防范。

为此，彭玉麟下令修固沙角、大角的旧有炮台，又购买了几门洋炮安置在那里，又在大角、沙角附近的海面上布防了20多艘配有大炮的兵轮。

在加强广州沿海布防的同时，彭玉麟还把防务扩展到广东沿海的廉州、高州、琼州、潮州等地。除此之外，他还广泛动员当地民众，大办渔团、乡团，从而建起了一个军民联防体系。正是因为有了彭玉麟主导的这个军民联防体系，尽管法国兵轮不断游弋于香港、澳门海面，但始终不敢进犯广东。

法军见广东防守严密，无可乘之机，只好避其锋芒，选择其他防守薄弱之地下手。所以广东虽无战事，但是中国军队在越南战场上却接连失败。

1884年5月，在主和派代表李鸿章的主持下，清廷与法国政府签订了《中法会议简明条约》，承认法国与越南签订的条约，同意从越南北部撤军，同意在中越边境开埠通商。彭玉麟对这个《中法会议简明条约》是明确反对的，他向清廷上了一道奏折，名叫《力阻和议篇》，全面而系统地陈述了他力阻和议的五条理由，但是清廷并没有采纳他的意见。

法国政府见清廷退让，就进一步扩大侵略，再次挑起战争。6月，法军进攻谅山；8月，法军进攻台湾基隆，接着派舰队袭击福建马尾水师，使其全师覆没。

马尾海战失败的消息传到北京后，清廷被迫对法宣战。而法国侵略者的气焰则更为嚣张，甚至向清廷索要赔偿。时任法国总理茹费理扬言：如果清廷不给赔偿，他们就永远占领台湾。他们说到做到，立即增兵进攻台湾。台湾守军致电李鸿章，请求他派军舰前去救援，李鸿章以

"万难与敌"为由，一口回绝。这样一来，台湾就危在旦夕了。

这时候，彭玉麟与同在广东筹备海防的张之洞一起上奏清廷，提出一个"围魏救赵"的方案，就是力战越南，夺回台湾。彭玉麟和张之洞经过一番考虑，决定起用被投闲置散的老将冯子材，派四支广东军队分东西两路入越作战。

事实证明，彭玉麟和张之洞的方案和决定都是正确的。冯子材很快就组建起一支拥有十八营的军队，由东路进入越南，取得了镇南关大捷和谅山大捷。与此同时，西路军也取得了临洮大捷。这三个大捷威震中外。尤其是镇南关大捷之后，法军陷入一片混乱，对越南和中国的军事打击都告一段落。而正在这个时候，法国巴黎市民举行了大规模的示威游行，反对法国政府派兵侵略越南，最后迫使茹费理辞职，内阁倒台。法国政府向清廷求和。

1885年4月，中法签订《中法停战条约》。5月，清廷又授权李鸿章，在军事胜利的情况下，签订了屈辱的《中法新约》。历时一年有余的中法战争终因清廷的极端昏庸，以中国的"不败而败"而结束。

远在广东的彭玉麟闻讯之后，立即致电总理衙门，指出"万万不可先行撤兵"。在他的意见遭到拒绝之后，他又向清廷上了一道《严备战事以惩后患折》，但是依然遭到拒绝。

彭玉麟对清廷的昏庸腐朽、对主和派的误国行为是强烈愤慨的，他为镇海楼撰写的这一副对联，就是在这样一个背景下产生的。"使我倚栏看剑，泪洒英雄"这10个字，表达了一个主战派将领壮志未酬的悲愤，令人想到南宋著名词人辛弃疾的名作："落日楼头，断鸿声里，江南游子。把吴钩看了，栏杆拍遍，无人会，登临意。"（辛弃疾《水龙吟·登建康赏心亭》）

至于"五百年故侯安在"这七个字，是不是在同情违法乱纪的朱亮祖呢？显然不是。

彭玉麟是一个廉洁自律的人。广东本地的文史学者撰文介绍说,彭玉麟当年住在镇海楼时,一日三餐都是粗茶淡饭。有一天,有个朋友来访,谈到中午,彭玉麟留他吃饭,餐桌上有一碟黄瓜,一盘青菜,一钵豆腐,一碗辣椒,中间还有一份青椒炒肉片。没有汤,也没有酒。这个朋友后来对彭玉麟的侍从说,彭先生对朋友不够热情,这餐饭吃得也太简单了。侍从说,彭大人平时吃饭,就以青菜为主,今天是你来了,才加了一份青椒炒肉片。这个朋友大为惊讶,想不到堂堂一品大员,生活竟如此简朴。

(黄淼章《彭玉麟清廉自持》)

在闲暇的日子,彭玉麟就在镇海楼里读书、写字、作诗、画梅。彭玉麟一生爱梅,他的梅花也画得很好。有人甚至把他的梅与郑板桥的竹相比,称为清代画坛双绝。他有这样一首诗:

一生知己是梅花,魂梦相依萼绿华。
别有闲情逸韵在,水窗烟月影横斜。

"萼绿华",是古代传说中的道教女仙,年约20,身穿青衣,于晋穆帝升平年间,降临羊权家,每月来六次,赠诗给羊权,还有火浣布、玉镯等。彭玉麟在这里是把梅花比作萼绿华这位美丽的、不请自来的仙女。他坚持画梅画了40年,这其间也有一个秘密。据说他年轻的时候,爱过一个叫梅姑的女子。可惜这个梅姑英

一生知己是梅花

年早逝，他们没有成为眷属。彭玉麟思念了她一辈子，画了她一辈子。由此可见，彭玉麟在感情上，还是一个很执着的人。

彭玉麟不仅是一个画梅高手，还是一个楹联高手。据不完全统计，彭玉麟留存下来的楹联多达70余副，其中又以风景联居多，例如仅仅是写江西湖口石钟山的就有21副，写武汉黄鹤楼的有3副，写南京莫愁湖的有3副，写镇江焦山的有3副，写杭州西湖的有4副。还有两副是题写自己的居所的，例如《题西湖退省庵》这一副：

尽此一寸心与点缀湖光山色
收拾数间屋尽勾留墨客骚人

"退省庵"就是彭玉麟在杭州西湖的住所，他自号"退省庵主人"。还有一副名为《自题》：

水得闲情山多画意
门无俗客楼有赐书

彭玉麟的楹联，大都寓情于景，造语出奇，用典无痕，雅俗共赏，因此在中国近代楹联史上有相当高的地位。

这样一个廉洁自律、用情专一、工于书画、志趣高雅的人，怎么可能与贪图享受、违法乱纪的朱亮祖是同一类人呢？肯定不是。但是为什么在他的镇海楼长联中，又有"五百年故侯安在"之叹呢？我的看法是，他仅仅是念及朱亮祖的勇悍善战而已，因为当时的中国被列强欺凌，正需要这种勇悍善战的人。

大观楼

非常楼阁非常事

大观楼上

云南昆明的大观楼虽然只是一座三层小楼，但是从名称到建筑，从有关的人、有关的事，到有关的楹联作品，都非同寻常。可以说是非常之名，非常之楼，非常之人，非常之事，非常之景，非常之联。

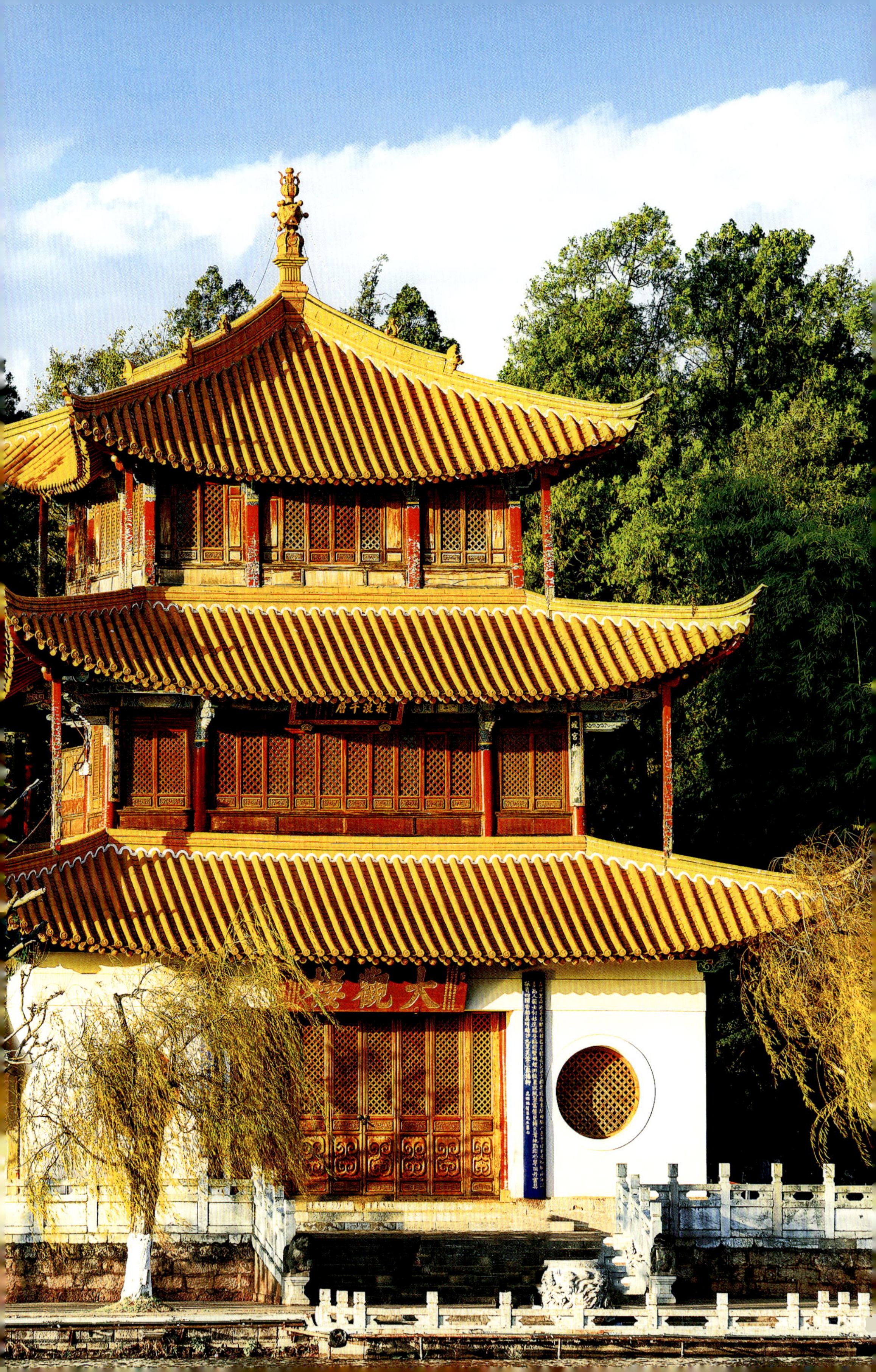
拔浪千层
大观楼

非常之名

先说"非常之名"。我们看大观楼这个名字，就和我之前讲过的中华名楼不一样。我们知道，每座楼的名字，都包括通用名和专用名这两部分。例如黄鹤楼，它的通用名是"楼"，专用名是"黄鹤"。我之前讲过的九座中华名楼，它们的专用名都是很具体的，或者以所在山水来命名，如阅江楼、镇海楼；或者以某种鸟类来命名，如黄鹤楼、鹳雀楼；或者以某种植物来命名，如芙蓉楼；或者以某个历史人物来命名，如滕王阁、越王楼；或者以某个城市来命名，如岳阳楼，等等。总之，这些楼的专用名，都是一种具象名词，很具体、很形象，让人看得见，甚至摸得着，至少是感受得到。但是大观楼不一样，它的专用名是一个抽象名词，大观是什么？它长什么模样？你说得清楚吗？肯定说不清楚。大观作为一个抽象名词，它是看不见、摸不着、感受不到的，需要我们去想象，去认知，去思考。从某种意义上讲，抽象名词的内涵甚至比某些具象名词的内涵还要丰富和深刻。

说到"大观"这个词的内涵，《辞源》有两种解释：

一是指"洞达透彻的观察"，例如西汉著名文学家贾谊的《鵩鸟赋》里就有这样一句："达人大观"。

二是指"景物的盛大壮观"，例如北宋著

名文学家范仲淹的《岳阳楼记》里就有这样几句:"予观夫巴陵胜状,在洞庭一湖。衔远山,吞长江,浩浩汤汤,横无际涯,朝晖夕阴,气象万千,此则岳阳楼之大观也。"

关于第一种解释,我想放在后边再讲,这里先讲第二种解释。范仲淹认为,"岳阳楼之大观",在"洞庭一湖"。那么,大观楼之大观,又在什么呢?郭沫若的《登大观楼即事》一诗做了一个简要的回答:

果然一大观,山水唤凭栏。
睡佛云中逸,滇池海样宽。

这里的"睡佛",是指昆明的西山。西山在古代又叫碧鸡山、太华山,由于在城西,人们习惯叫它西山。站在大观楼上,远眺西山群峰,宛如滇池之滨的一尊"睡佛"。这尊"睡佛"的最高峰海拔2507米,所以称为"云中逸"。

◎ 昆明西山

郭沫若的这首诗告诉我们，在大观楼上所看到的景观比在岳阳楼上看到的还要丰富。岳阳楼之大观，在"洞庭一湖"；大观楼之大观，除了海一样宽广的滇池，还有高出云表的西山。这就是古人讲的"擅湖山之胜"。

无论是在现实生活中，还是在文艺作品中，以"大观"命名的建筑是很少的。著名古典小说《红楼梦》中有一个大观园，虽说是"天上人间诸景备"，但毕竟是小说家的虚构，现实生活中哪有这么大的私家园林？倒是昆明的大观楼，才真正称得上"大观"二字，正所谓"果然一大观"是也。

◎大观楼匾额

再说"非常之楼"。和我之前讲过的多数的中华名楼相比，大观楼的体量并不大，更说不上巍峨壮观。那么，它的非常之处在哪里呢？我认为有两点：一是地理位置之非常；二是建筑设计之非常。

先说它的地理位置。我之前讲过的九座中华名楼，或者建在山上，或者建在地势较高的平原上，大观楼不一样，它是建在一片沼泽上的。它所在的这个地方叫近华浦。"浦"是什么？就是水边。由于临近滇池对岸的太华山，所以叫近华浦。

事实上，近华浦就是草海的一部分。草海就是滇池的上游，也称内海。滇池分内海和外海，海埂以北叫内海，面积约10平方公里；海埂以南称外海，面积289平方公里。

明代著名旅行家和地理学家徐霞客（1587—1641）曾经到过草海，他在《游太华山记》中写道：

> 出省城西南二里下舟，两岸平畴夹水，十里田尽，萑（huán）苇满泽，舟行深绿间，不复知为滇池巨流，是为草海。

徐霞客这篇游记写于明崇祯十一年（1638），也就是明代末年。按照他的说法，一直到明代末年，大观楼所在的这个近华浦都是一片芦苇丛生的沼泽。

非常之楼

在一片沼泽之上建一座楼阁，这是难以想象的。因此大观楼的修建，要比其他中华名楼的修建难得多。人们必须首先开发近华浦这个地方，只有把这个地方开发好了，才能在它上面建楼。

据《大清一统志·云南志》记载，早在明洪武年间，镇守云南的西平侯沐英就在近华浦的东北面修建了一处花园，名叫"西园"，又叫"黔国公别业"。在西园里，还建有簇锦楼、君子亭和水云乡莲池等景观，用于休闲和观景。

又据昆明人舒藻的《创建重建大观楼碑记》一文记载，明代有一位从湖北来的僧人，叫乾印，他在近华浦中间的一座岛屿上搭建了一个茅庵，在这里讲经。由于来此听讲的人络绎不绝，人气很旺，乾印就在这里建了一座寺庙，叫观音寺。

建西园也好，建观音寺也好，都可以说是对近华浦的开发，不过这种开发还只是一种小规模的开发，并非较大规模的开发。真正较大规模的开发是在清初。

清康熙初年，吴三桂镇守云南时，开挖了一条由近华浦通往昆明小西门的长达10多里的运河，把滇池沿岸各州县的粮食由水路运到省城。这条运河当时叫运粮河，又叫西门河，后来叫大观河。吴三桂还在小西门外建了一个大码头，叫篆塘，又在大码头的前边建大仓库。于是运粮河上，官商船只络绎不绝。吴三桂是一个臭名昭著的人，他挖运粮河也好，建篆塘码头也好，用《清史稿·吴三桂传》的话来讲，就是为了"厚自封殖"，也就是为了个人敛财，但是从客观上来看，也可以说是为近华浦的较大规模的开发作了贡献。

康熙二十九年（1690），云南巡抚王继文等发现近华浦的自然景色很好，可以开辟为游览之地，于是就在这里挖池修堤，种花植柳，大兴土木，相继修建了大观楼、涌月亭、澄碧堂等亭台楼阁，同时还在滇池沿岸和池中岛屿上修建了许多景点。从此以后，一片沼泽的近华浦就完

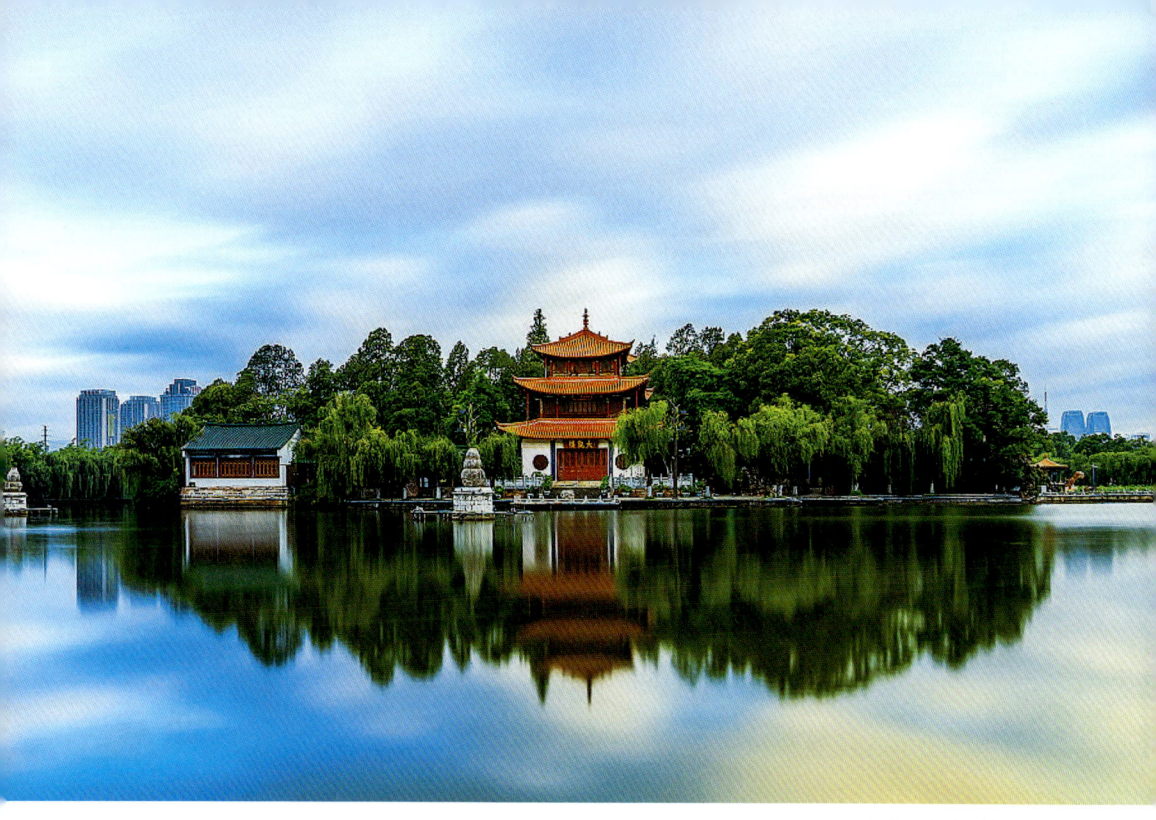

◎近华浦上大观楼

全改观了。舒藻在《创建重建大观楼碑记》中写道：

> 适当滇池之滨，从此高人韵士，选胜登临者无虚日，遂为省城第一名胜。

因此，说到大观楼的历史，应该从康熙二十九年（1690）算起，至今已有330多年了。

最早的大观楼只有两层。138年之后，也就是清道光八年（1828），云南按察使翟锦观把它增加为三层。咸丰六年（1856），大观楼毁于战火。十年之后，也就是同治五年（1866），云南提督马如龙主持重建大观楼。

因此，我们今天看到的大观楼，并非康熙二十九年（1690）始建的大观楼，而是同治五年（1866）重建的大观楼。但是也有150多年的历史了，是一处国家级重点文物保护单位。

◎大观楼

  再说它的建筑设计。大观楼是一座亭阁式的建筑，平面呈方形，面阔三间，高三层。一层前后辟门，门两侧各设一个圆窗，二层、三层设槅扇窗。三重檐，四角攒尖顶，屋面及檐面铺黄色琉璃瓦，楼里安装木梯。可以说是设计别致，结构精巧，在所有的中华名楼中别具一格。

  但是，大观楼之所以会成为中华名楼，主要还不是因为它的地理位置如何独特，也不是因为它的设计如何别致、建筑如何精巧，而是因为这里悬挂着一副天下闻名的对联，这就是孙髯的那一副180字的长联。据夏甸畇《游大观楼记》讲，自长联一出，"闻者莫不兴起，冀一登临为快"。

那么，孙髯又是一个什么样的人呢？可以说，是一个"非常之人"。一是生而有髯，二是贫而有骨，三是身为布衣而有淑世情怀。

先说第一点：生而有髯。

孙髯（1685—1774），字髯翁。他一出生，嘴边上、鬓角上就有许多茸毛，像胎毛，更像胡须，因此他的父亲就给他取名孙髯。长大以后，果然胡须浓密，像美髯公关云长一样，只是身材没有关云长那么高大，脸色没有关云长那么红润而已。据有关史料记载，孙髯个子矮小，容貌清瘦。中年以后，他就以髯翁为字。

再说第二点，贫而有骨。

孙髯祖籍陕西三原县，由于他父亲在云南任武官，住家昆明，他就成了昆明人。此人天生聪颖，博学多识，诗文写得很好，尤其擅长于楹联，在昆明一带很有名气，但是不愿意参加科举考试，不愿意求官。父亲在世的时候，他的生活是无忧无虑的，可以经常和一些名士往来酬唱，也可以经常出门旅行。父亲去世后，家道中落，他的生活就一天比一天困顿了。

孙髯中年时，曾客居大理。晚年曾在昆明圆通寺的咒蛟台卖卦为生，自号"蛟台老人"。生活很艰难，所谓"求百钱不可得，恒数日断炊烟"。

非常之人

◎孙髯塑像

他有一个女儿，嫁给弥勒县一个商人，早先也很艰难，后来日子好过一点，就把他接到弥勒同住。据说他到弥勒之后，曾在县城东门外设馆授徒，后来又在城西的新瓦房村教书，三年之后去世，活了90岁。人们把他葬在城西的新瓦房村，在他的墓前立了一块碑，上面写着："滇南名士孙髯翁先生之墓"，碑上还刻有一副对联：

古冢城西留傲骨，名士滇南有布衣。

这一副对联，可以说是很简洁地概括了孙髯的身份和性格。他是一介布衣，又是一位名士，更有一副傲骨。

孙髯的大半生都是在穷困潦倒之中度过的，但他始终洁身自好。不巴结权贵，不巴结有钱人，"贫贱不能移"。据他的学生、云南历史学者师范讲，孙髯在自己的住处周围种了许多梅花，自称"万树梅花一布衣"。他用梅花的品性来砥砺自己，他那种贫而有骨的品性，与梅花的品性是相通的。师范有一段文字写到他印象中的孙髯：

戊子（1768）秋，予见其门联，心异之，抠衣入谒，白须古貌，兀坐藜床上，如松荫独鹤。

——师范《孙髯拟输捐直省条丁缓征逋欠谢表后记》

"兀坐"就是端坐；"藜床"，就是用藜茎编的很简陋的坐榻。所谓"白须古貌，兀坐藜床上，如松荫独鹤"，正是一种独立不阿、贫而有骨的形象。这个时候的他已经83岁了。

再说第三点：身为布衣而有淑世情怀。

孙髯在穷困潦倒之中坚持读书，坚持治学，坚持写诗作文。他的著述原是很丰富的，但是由于生活艰难，多数的文字都未能印刷刊行，更未能保存下来。留存到今天的，据有关人士统计，只有105首诗、2篇文章和8副楹联。

通过这些诗文和楹联，我们得知他是一个很正直、很善良、很敏锐、很深刻的作家，一个非常关心民生疾苦和社会进步的作家，他能透过所谓"康乾盛世"的表象，看到社会的黑暗、官吏的腐败和人民的苦难。例如他有这样两句流传很广的诗：

龙王不下栽秧雨，躲在苍山晌日头。

晌，就是歇晌，睡午觉，龙王不管人间正值栽秧时节，正需要下雨，却躲在山里睡午觉，这不就是玩忽职守吗？实际上，诗人就是借这个玩忽职守的龙王来讽刺那些不作为的官员。用今天的话来讲，不作为也是一种腐败。因此孙髯的作品在今天看来，也是有现实意义的。

非常之事

司马迁在《史记·司马相如列传》里讲过这样一段话："盖世必有非常之人，然后有非常之事；有非常之事，然后有非常之功。非常者，固常之所异也。"孙髯作为一个"非常之人"，他所做的"非常之事"也是很多的，我这里只讲他三件事。

第一件"非常之事"：弃考。

大约38岁的时候，孙髯参加了一次云南乡试（赵椿《联圣孙髯身世及生卒年考》）。所谓乡试，也就是报考举人的那一级考试。按照规定，考生在进入贡院（考场）之前，要接受严格的检查，以防冒名顶替和"夹带"。但是在某些贡院，却有一条潜规则，只要考生给衙役（考场工作人员）送银子，就可以不接受检查，直接进入考场。于是那些送了银子的纨绔子弟，就可以大摇大摆地进入考场，那些没有银子可送或者不愿意送银子的读书人，就要经过严格的检查了。那些工作人员的仔细、认真、严谨、一丝不苟，丝毫不亚于今天机场的安检。他们除了仔细辨认考生的肤色、长相和身材，还要"搜身"，也就是严格检查他们的鞋子、袜子、帽子、衣裤和衣裤上的荷包，甚至连衣裤上的补丁都不放过。

面对这种看似严格其实并不公平的"搜身"，许多考生虽然心有怨气，但是不敢吱声，为了功名，他们隐忍了。然而孙髯不一样，他公开反对，他认为搜身有损于读书人的尊严。当然，他知道他的反对是无效的，于是干脆弃考，掉头而去，一走了之，不要这个功名了。

因反对搜身而放弃考试，因维护尊严而不要功名，这在中国历史上如果不是仅见，也是非常罕见的。这是一个具有独立人格的知识分子的壮举，是一个"非常之人"的非常之举，决不是常人所能做到的。

几乎所有介绍孙髯的文字都讲到了他这个弃考的故事，这个故事究竟是真实的故事还是传说呢？我们不妨看看孙髯本人的有关文字。

乾隆三十六年（1771），也就是他86岁的那一年，孙髯写了一首长诗，题目叫《辛卯观诸生入闱》，其中有这样几句：

唱名胥吏嫌字难，趁空余丁劫横财；
……
倩代不妨金厚许，咨询打点笑先开。

"辛卯"，就是乾隆三十六年。"诸生"，就是生员，也就是秀才。"入闱"，就是进入考场。"唱名"，就是按名册点名；"胥吏"，就是在官府办理文书的小官吏，这里是指考场工作人员。这些"唱名"的"胥吏"虽然官气十足，但是文化水平并不高，识字并不多，连有些考生的名字都不认识，"嫌字难"，怎么办呢？就往往念偏旁，念白字。

"余丁"，在这里是指闲着没事干的胥吏。"唱名"只需要一个胥吏，其余的胥吏也就是"余丁"干什么呢？他们就趁空劫横财，趁机向考生索要银子。"唱名"之后的一个程序，就是"搜身"，胥吏收了考生的银子，于是这些考生就免于"搜身"了。

"倩代"，就是请人代考。请人代考并不难，只要"金厚许"，多给些银子就行了。胥吏收了银子，不仅笑逐颜开，还主动为行贿者提供咨询，教他们怎么去打点。

孙髯这首诗，可以说是清代云南乡试的一个真实写照，作者对考场的行贿受贿之风是深恶痛绝的。通过这首诗，我们不难判断孙髯当年弃考的故事是真实可信的。

第二件"非常之事"：徒步考察盘龙江。

盘龙江是昆明境内的一条河，源出昆明市北郊的崇山峻岭，由北至南穿过昆明城，最后在南郊注入滇池，全长108公里。明末清初，由于河道年久失修，泥沙、石块淤塞严重，一遇大水，上游河水无处宣泄，便泛滥成灾。"老少男女，失所飘零。"孙髯深感盘龙江水患对昆明百姓的巨大危害，于是"穷岁月之跋涉""极耳目之勤搜"，徒步考察盘龙江。然后参阅大量的历史地理资料，写成了一篇长达6000多字的论文——《拟盘龙江水利图说》。在这部《图说》里，孙髯就根治盘龙江水患提出了五条措施。后世学者认为，他的这部《图说》，"言之最详""筹之最当"，他的考察是深入细致的，他所提的五条措施也是切实可行的。

徐霞客当年考察云南时，也曾考察过盘龙江。他认为盘龙江是滇池

的两个源头之一。但是，他对盘龙江只是纯粹的学术考察，并没有就盘龙江的治理提出意见。在这个问题上，孙髯是超越了徐霞客的。

通过这件事，我们发现，孙髯虽然不在国子监和太学等高等学府工作，也不在书院之类的研究机构工作，但是他也做学问。不过他的学问，不是像那些博士和教授那样，一心阐扬圣人之学，一味论证圣人的正确性，而是做圣人没有做过的学问，做接地气的、为民生的学问。他也写论文，但是他写论文不是为了求功名，而是为了根治盘龙江的水害。他的论文是写在大地上的论文。

第三件"非常之事"：撰海内第一联。

孙髯一生中最著名的"非常之事"，就是为大观楼撰写了一副长达180字的楹联，这副楹联被誉为"海内第一联""海内长联第一佳者"。这副楹联的内容是什么？特色又在哪里呢？请看下文。

◎大观楼全景夜景

非常风景非常联

大观楼下

大观楼是和孙髯的180字长联紧密联系在一起的，如果没有这副长联，大观楼不可能有这么大的名声。有人还因此作了一副对联，把孙髯的长联和范仲淹的《岳阳楼记》相提并论：

　　王勃序崔颢诗双峰对峙
　　髯翁联仲淹记两派分流

那么，这副长联究竟写了些什么？又好在哪里呢？

在正式讲这副长联之前，我要说明一下，楹联本来是不用断句和标点的，但是为了方便阅读和理解，我们暂且把它断句和标点。先看上联。

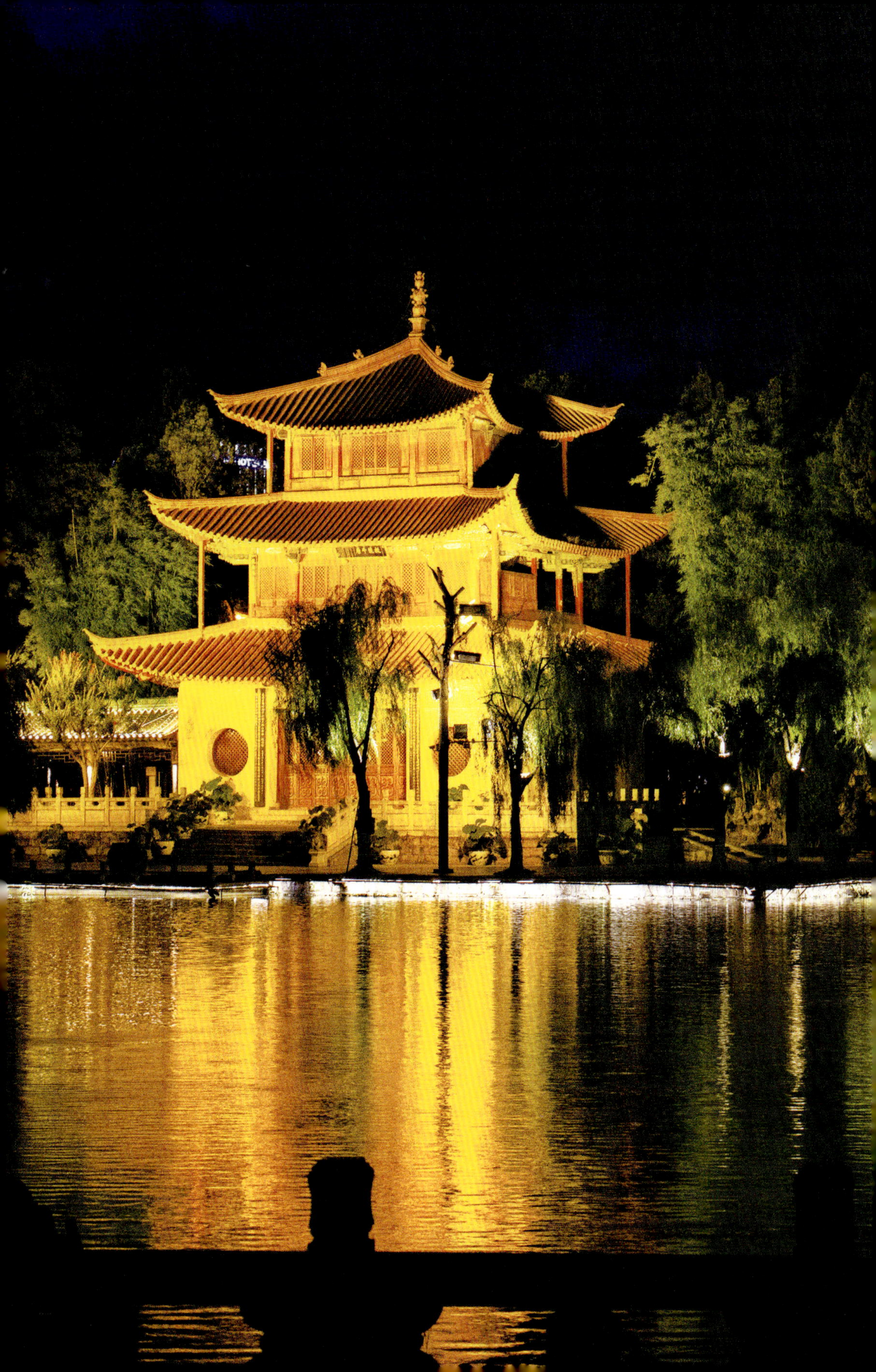

五百里滇池，奔来眼底

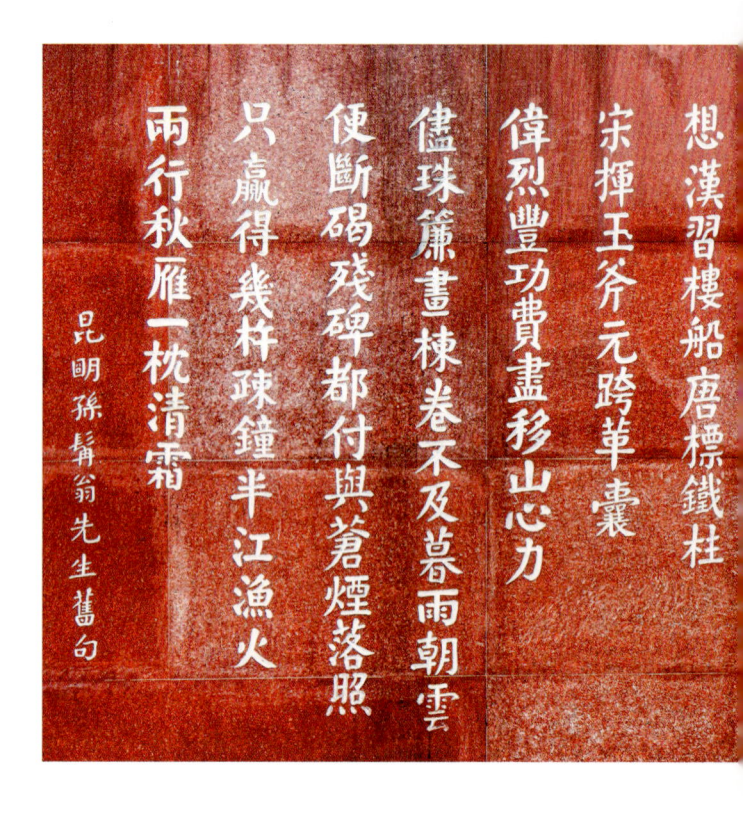

想漢習樓船唐標鐵柱
宋揮玉斧元跨革囊
偉烈豐功費盡移山心力
儘珠簾畫棟卷不及暮雨朝雲
便斷碣殘碑都付與蒼煙落照
只贏得幾杵疏鐘半江漁火
兩行秋雁一枕清霜

昆明孫髯翁先生舊句

五百里滇池，奔来眼底。披襟岸帻，喜茫茫空阔无边。看东骧神骏，西翥灵仪，北走蜿蜒，南翔缟素。高人韵士，何妨选胜登临。趁蟹屿螺洲，梳裹就风鬟雾鬓；更蘋天苇地，点缀些翠羽丹霞。莫孤负四围香稻，万顷晴沙，九夏芙蓉，三春杨柳。

洋洋洒洒90个字，写的是作者站在大观楼上所看到的滇池。但他写滇池不是想到哪就写到哪，而是很有讲究的：

一是富有层次感。他先总叙，再分叙；分

大觀樓長聯

五百里滇池奔來眼底披襟岸幘喜茫茫空闊無邊看東驤神駿西翥靈儀北走蜿蜒南翔縞素高人韻士何妨選勝登臨趁蟹嶼螺洲梳裹就風鬟霧鬢更蘋天葦地點綴些翠羽丹霞莫孤負四圍香稻萬頃晴沙九夏芙蓉三春楊柳數千年往事注到心頭

◎大观楼长联

叙的时候，先写滇池四周的山，再写池中的岛屿和岸上的植物。一层一层地写来，很有章法。

二是富有动态感。滇池四周的山是静止的，滇池中的岛屿也是静止的，但是作者都能写出它们的动感。

三是富有情感。不是纯客观地写景，在写景中包含了作者的价值判断和审美判断。

"五百里滇池，奔来眼底。披襟岸帻，喜茫茫空阔无边。"这四句就是总叙。

"滇池"，又叫"昆明池""昆明湖"，在古代又叫"滇南泽"。关于"滇池"这个名称的由来，有多种不同的说法。比较权威的说法是：滇者，颠也，颠倒的意思。北魏著名地理学家郦道元的《水经注》解释说：

◎滇池

> 上源深广,下流浅狭,似如倒流,故曰滇池也。

可见滇池之所以叫滇池,是因为它的水系颠倒。

所谓"五百里",是指500平方公里。可能有人认为,这个描写未免夸张,有材料表明,清代的滇池实际上只有320平方公里。但是我们要知道,由于环境的变化,滇池的水面一直在缩小。例如明代的滇池是350平方公里,元代是410平方公里,唐代是510平方公里。所谓"五百里滇池",这是唐代的说法。更重要的是,楹联不是科普文章,作为一种文学样式,它是可以夸张的。作者写"五百里滇池,奔来眼底",主要是突出它那种茫茫然"空阔无边"的感觉。

总叙完了之后,接着就开始分叙。怎么分叙呢?他先写滇池四周的山:"看东骧神骏,西翥灵仪,北走蜿蜒,南翔缟素。"

"东骧神骏",写滇池东面的金马山。"骏"就是骏马,"骧"指骏马的奔驰。"西翥灵仪",写滇池西面的碧鸡山,也就是西山。"灵仪"原指神灵的图像,这里指碧鸡山。"翥",原指鸟的飞翔,这里形容碧鸡山的那种飞翔之状。"北走蜿蜒",写滇池北面的蛇山。"蜿蜒",形容山势像蛇一样曲曲折折爬行。"南翔缟素",写滇池南面的白鹤山。"缟素",指白色的衣服。"南翔缟素",形容白鹤山就像穿着白色的衣服在飞翔。

这四句，把滇池东西南北四面的山都写到了，不仅富有层次感，而且富有动态感。山本来是静止的，但是作者根据它们的名字，一是马，二是鸡，三是蛇，四是鹤，分别用"骧""翥""走""翔"四个动词写出了它们的动态。这就很形象，很生动。

写完滇池四周的山之后，再转入写滇池中的岛屿；写完岛屿之后，再写岸上。"趁蟹屿螺洲，梳裹就风鬟雾鬓；更蘋天苇地，点缀些翠羽丹霞"这四句，就是写岛屿上的景色。

需要指出的是，有人把"蟹屿螺洲"理解为"蟹样大的岛屿，螺样小的沙洲"，这不对。站在大观楼上，怎么可能看得到烟波浩渺的滇池中像螃蟹那样大的岛屿、像螺蛳那样小的沙洲呢？事实上也不存在这么小的岛屿和沙洲。所谓"蟹屿螺洲"，是指有许多螃蟹的岛屿，有许多螺蛳的沙洲。

作者写岛屿，同他写山一样，都不是静止地写。例如"蟹屿螺洲"，本来是比较静止的，但是加上"梳裹就风鬟雾鬓"这一句，就有动态感了。"风鬟雾鬓"，原是形容女子的头发蓬松凌乱，这里是形容风中和薄雾中的垂柳。风中的垂柳是有动态感的，"梳裹"二字是动词，更有动态感。

第三个特点，就是富有情感。像"披襟岸帻，喜茫茫空阔无边""高人韵士，何妨选胜登临"；还有"莫孤负四围香稻，万顷晴沙，九夏芙蓉，三春杨柳"等，都是感情色彩很浓厚的文字。作者面对"五百里滇池"的"非常之景"，心情是喜悦的、豪迈的。所谓"披襟岸帻"，就是把衣襟敞开，把头巾掀起来，以一种率真、豪迈、洒脱的状态，以一种喜悦的心情，来欣赏这"空阔无边"的滇池景色。不然的话，就辜负了这高原上的"非常之景"。应该说，作者这种富有感情的写景文字，体现了一种热爱自然、热爱生活的价值观和审美观，对今天的读者来讲，这是很有感染力和启发意义的。

汉习楼船，唐标铁柱

如果说，上联是写景，是写地理，写空间；那么下联就是叙事，是写历史，写时间。

> 数千年往事，注到心头。把酒凌虚，叹滚滚英雄谁在？想汉习楼船，唐标铁柱，宋挥玉斧，元跨革囊。伟烈丰功，费尽移山心力。尽珠帘画栋，卷不及暮雨朝云；便断碣残碑，都付与苍烟落照。只赢得几杵疏钟，半江渔火，两行秋雁，一枕清霜。

值得注意的是，作者写历史也是很有特点的：

第一，他不是像记流水账那样地写，不是细大不捐地写，不是把什么都写上，而是抓住与昆明、与滇池有重要关系的四个历史事件来写。

第二，他不是纯客观地写历史，而是包含了自己对历史的解读、审视和评判，包含了自己的价值观和历史观。

我们先看第一点，他写了哪些历史。"想汉习楼船，唐标铁柱，宋挥玉斧，元跨革囊"这四句，就是写"数千年往事"中的四个故事。这四个故事，都是昆明和滇池历史上的大事。

第一个故事：汉习楼船。

汉朝的时候，在中国的西南地区有许多小国，其中夜郎和滇最有名。夜郎在今天的贵州

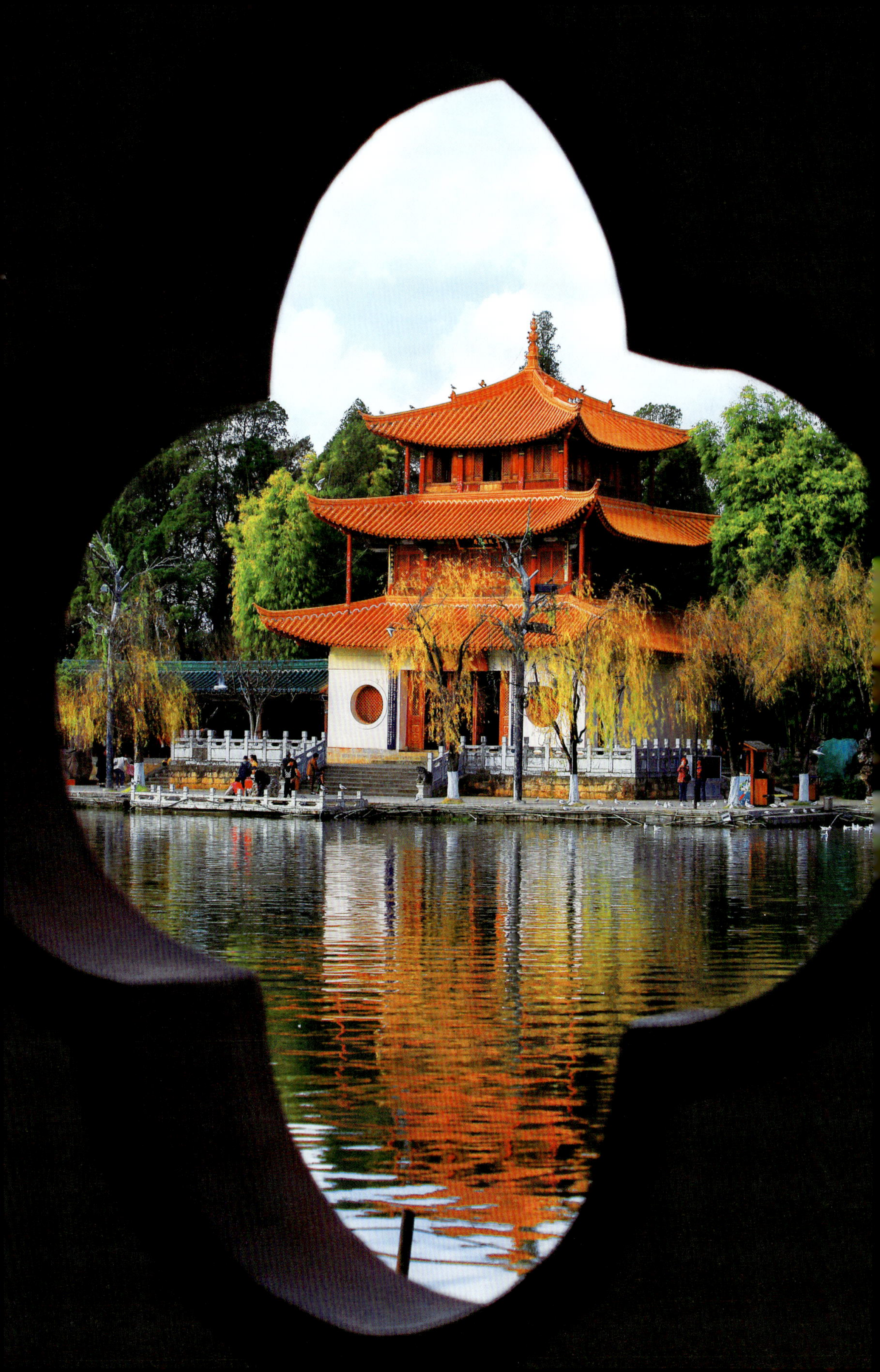

境内，滇在今天的云南境内。有趣的是，夜郎王和滇王都不知道是自己的版图大，还是汉朝的版图大。《史记·西南夷列传》写道：

> 滇王与汉使者言曰："汉孰与我大？"及夜郎侯亦然。以道不通故。

滇王问汉武帝派来的使者："是滇大，还是汉朝大？"夜郎王也是这样问。因此后来就有一个成语，叫"夜郎自大"。我在这里要为夜郎王辩护一下：其实夜郎王并没有说自己的版图比汉朝的大，他只是不知道究竟哪个大，他并没有自大，他只是提了一个问题。提个问题还不行吗？他为什么会有这样一个问题呢？司马迁说得好："以道不通故。"由于道路不通，使得信息不通，使得他们不了解汉朝。总之，夜郎王并没有自大，滇王也没有自大。

滇王不自大，但是自保意识还是很强的。汉武帝想和天竺（古印度，在今印度北部）建立关系，就派使者过去联络。要到天竺，必须经过滇。可是使者到达滇之后，居然被滇王扣留了一年。一年之后，滇王甚至把昆明城关闭了，把汉朝通往天竺的路完全堵住了。于是汉武帝就很生气，决定伐滇。

怎么伐滇？伐滇要渡过昆明池，也就是滇池，要用水军，要使用楼船，于是汉武帝就模仿这个昆明池，在长安城的西边开挖了一个昆明池（今西安市西南斗门街道附近）。这个昆明池有多大呢？10余平方公里，有滇池上游的草海那么大。还打造了许多"高十余丈"的楼船，操练水军。这就是"汉习楼船"这一句的由来。

不过这个滇王也很明智，当汉朝的军队到达滇时，他就投降了。他投降了，汉武帝就保留了他的王位，并赐给他王印。《史记·西南夷列传》说：

> 西南夷君长以百数，独夜郎、滇受王印。滇小邑，最宠焉。

第二个故事：唐标铁柱。

这个故事还得从唐朝与吐蕃的关系说起。在唐太宗时期，唐朝与吐蕃的关系是很好的，文成公主嫁松赞干布，就是在这个时期。在唐高宗时期，关系搞坏了，吐蕃不但经常骚扰唐朝边境，还把附近的12个羁縻州（相当于今天的自治州）都占领了，这其中就有姚州，而昆明和滇池就在姚州境内。更严重的是，姚州倒向了吐蕃，成了吐蕃侵扰唐朝边境的向导。唐中宗景龙元年（707），吐蕃与姚州联合骚扰唐朝边境，唐朝派李知古率兵讨伐姚州，目的在于削除吐蕃的这个向导。姚州的首领把这个情报告诉给吐蕃，结果吐蕃不仅杀了李知古，还拿他的尸体去祭天。正是在这个背景下，唐朝派唐九征率兵再次讨伐姚州。《新唐书·吐蕃传》记载说：

> 虏以铁絙（gēng）梁漾、濞二水，通西洱蛮，筑城戍之。九征毁絙夷城，建铁柱于滇池以勒功。

"铁絙"，就是大铁索。"漾、濞"二水，是姚州境内的两条河。"西洱"是一个部族的名称。姚州首领在漾、濞二水上架起铁索桥，便于得到西洱部族的支持，然后建城堡以固守。唐九征毁了铁索桥，夷平了姚州首领建的城堡，然后在滇池边上浇铸一根铁柱，在铁柱上铭刻他平定姚州的功绩。这就是"唐标铁柱"这一句的由来。

宋挥玉斧，元跨革囊

第三个故事：宋挥玉斧。

"玉斧"是一种斧头形的玉器，原是一种文房古玩，有时又作头上的饰物，后来成为权力的象征。宋挥玉斧的故事，在毕沅的《续资治通鉴·宋纪》里有记载：

> 全斌既平蜀，欲乘势取云南，以图献。帝鉴唐天宝之祸起于南诏，以玉斧画大渡河以西曰："此外非吾有也。"

这里的"帝"，是指宋太祖赵匡胤。王全斌是北宋初年的将领，他奉赵匡胤之命，率兵三万平定后蜀之后，接着就想乘势取云南，把云南的地图呈献给皇帝看。赵匡胤不打算取云南。他认为，唐玄宗天宝十四载发生的"安史之乱"，其根源就在于天宝十二载唐朝与南诏的那场战争。

南诏控制的地区，主要就是今天的云南。在唐玄宗开元年间，南诏与唐朝的关系是很好的，问题就出在天宝年间。据《旧唐书·南蛮传》记载，天宝七载，鲜于仲通任剑南节度使，张虔陀任云南太守。这两个人的毛病都很突出：鲜于仲通偏激而寡谋，张虔陀狡诈而无礼。按照南诏的礼节，朝廷派来了新的节度使或者太守，当地头目都会带着自己的妻子去拜见，但是这张虔陀非常好色，只要发现人家的妻子还有几分姿色，他就找借口把她留下来。这样就得罪了当时的云南王阁罗凤。等到张虔陀有事要当地协助办理时，云南王就不搭理他。张虔陀就辱骂云南王，还向朝廷告了他一状。云南王就很愤怒，发兵围攻张虔陀，抢掠了他的财物，最后还杀了他。这是天宝九载的事。

天宝十载，鲜于仲通发兵攻打云南王，云南王就派使者来谢罪，表示归还所抢掠的财物。使者转达云南王的话说："你不要打我啊，现在吐蕃大兵压境，如果你不接受我的道歉，一定要打我，那我就投靠吐蕃去了。我若投靠吐蕃，那么云南之地就不归唐朝所有了。"但是鲜于仲通不听，还扣留了云南王的使者。于是云南王就投靠了吐蕃。这是天宝十一载的事。天宝十二载，杨贵妃的堂兄、宰相杨国忠派李希佑率十万大军打南诏，结果大败，死者十之七八。不久，北方爆发"安史之乱"。安史叛军打出的旗号，就是诛杀杨国忠。朝廷无暇南顾，举全国之力去平定"安史之乱"，于是云南王又趁机攻陷了几个州。

唐朝为了打南诏，向全国征兵，搞得民怨沸腾。安史叛军正是钻了这个空子。宋太祖赵匡胤讲"唐天宝之祸起于南诏"，就是这个意思。因此他拿出一块玉斧，对着王全斌呈献的地图说："我只要大渡河以东，大渡河以西我不要。"这就是"宋挥玉斧"这一句的来由。

第四个故事：元跨革囊。

当年宋太祖赵匡胤不过大渡河，所以在大渡河以西就有一个大理国存在了300多年。元世祖忽必烈可不这样，他是执意要过大渡河，执意要平定大理国的。他怎么过大渡河呢？乘羊皮筏子。《元史·世祖本纪》记载：

> 冬十月丙午，过大渡河，又经行山谷二千余里，至金沙江，乘革囊及筏以渡。

"革囊"，就是羊皮筏子。"筏"（fá），就是木筏，也就是用木头做的水上交通工具。公元 1253 年冬十月，忽必烈征大理。征大理需要过大渡河。忽必烈和他的将士用的水上交通工具就是羊皮筏子，还有木筏子。这一年的冬十二月，大理国被忽必烈所灭，大理国君段兴智被任命为大理世袭总管。这就是"元跨革囊"这一句的由来。

下面我们看第二点，看他是怎么写历史的。

作者写历史，自始至终都包含着他的历史情感。例如下联一开始写道："数千年往事，注到心头。把酒凌虚，叹滚滚英雄谁在？""把酒凌虚"，就是讲登上大观楼，举起酒杯。"叹滚滚英雄谁在"这一句，就是写作者的感叹，它来源于明代著名文学家杨慎的《临江仙》词："滚滚长江东逝水，浪花淘尽英雄。是非成败转头空。青山依旧在，几度夕阳红。"

如果说，这几句还只是一个引子，作者的历史情感还不是很强烈的话，那么下面这几句，就可以说是非常强烈了：

> 伟烈丰功，费尽移山心力。尽珠帘画栋，卷不及暮雨朝云；便断碣残碑，都付与苍烟落照。只赢得几杵疏钟，半江渔火，两行秋雁，一枕清霜。

这几句的意思是说，历朝历代的统治者为了开疆拓土，费尽了移山填海一般的心力，用今天的话来讲，就是费尽了洪荒之力，但是结果又如何呢？一个又一个的朝代，其兴也勃焉，其亡也忽焉，就像窗外的朝云暮雨，变化非常快，你还没来得及卷窗帘呢，还没来得及往外看呢，它就已经变了。再看看他们当年竖立的纪功碑，也早已残缺不全，倒卧在苍烟与落照之中。到头来，只剩下古寺里传来的稀稀疏疏的钟声，江面上闪烁的星星点点的渔火，还有天上飞着的两行秋雁，枕上飘过的一抹清霜。

我在开头讲过，什么是"大观"？"大观"有两层意思，第一层意

思，就是"洞达透彻的观察"，所谓"达人大观"。通过这副长联的下联我们发现，孙髯对历史的观察是很深邃、很透彻的，他对兴亡成败得失荣辱有自己独立的判断。也正因为如此，他才不去求功名，不去求官，甚至弃考。在他看来，与其花那么多的心力去求功名，去求官，还不如将自己之所学贡献给社会，贡献给老百姓，例如徒步考察盘龙江并提出治理意见，为大观楼作长联，教孩子们读书，等等。

海内第一联

以上重点讨论了大观楼长联的基本内容，下面我们来看看，这副长联究竟好在哪里？

一直以来，人们都称它为"海内第一联"，或者"海内长联第一佳者"，难道它的特点仅仅是长吗？诚然，长是肯定的。180字，能说不长吗？就长度而言，可以说是空前的。不过我认为，这副长联除了长，除了内容丰富、对仗工整、语言雅致、气势雄浑之外，还有一个很大的特点，就是它的地域特色非常鲜明。这是许多人都没有注意到的一个特点。

它的上联写地理环境，下联写历史。它写的地理环境是以滇池为中心的地理环境，它写的历史是与昆明、与滇池有关的历史。因此它的地域色彩就很鲜明，让人感觉它就是写滇池，就是写昆明，不是写别处。

大观楼是一个景观，它的对联属于景观对联。既是景观对联，就应该有地域特色，不可泛泛而论。在大观楼的后门，悬挂着"岭南才子"宋湘写的一副对联：

千秋怀抱三杯酒
万里云山一水楼

许多人都说这副对联写得好，说宋湘只用14个字，就概括了孙髯用180个字才能表达的内容，可谓短小精悍。

我认为，宋湘的这副对联，确实短小精悍，

◎大观楼

  但是没有地域特色，把它挂在任何一座临水的楼阁上都合适。挂在岳阳楼上合适，挂在滕王阁上也合适，挂在黄鹤楼上同样合适。这种没有地域特色的对联，就是泛泛而论的对联。

  这种泛泛而论的对联，不能唤起人们对于景观的独特印象和联想。我们许多人虽然没有到过大观楼，没有见过滇池，但是只要读了孙髯的这副长联，我们对大观楼的地理位置、对滇池和它周围的景物，就会有一个具体而独特的印象。可是通过宋湘的这副对联，我们会对大观楼的地理位置、对滇池及其周围的景物有一个具体而独特的印象吗？答案是否定的。

  如果大观楼上没有孙髯的这副对联，只有宋湘的这副对联，大观楼肯定不会有这么大的吸引力。因为宋湘的这副对联没有地域特色，不能引起人们更多的注意。

后记

有人问我，为什么要讲中华名楼？我想有两个方面的原因：一是我对中华古建筑有一份由来已久的敬意，二是我想通过讲述中华名楼来传播文学景观这个概念。

我的老家在湖北省赤壁市赤壁镇一个叫复兴墩的自然村，那是长江南岸一个坐北朝南的小村庄，只有一百来户人家。地势低洼，水网密布。1977年以前，全村只有三家是瓦房，其他的都是低矮的草房。我家是村尾倒数第二家，地势尤其低。站在家门口朝南望去，那三家瓦房都淹没在杂乱的草屋当中，并不起眼。但是朝东南方向望，视线越过大片的水田，却可以看到长山脚下的一座瓦房，那是方圆几十里唯一的一座古庙，叫金花寺。三间，两进，一层，白墙黑瓦。夕阳西下的时候，金花寺的白色的马头墙，非常醒目，令人遐想。1977年以后，金花寺被拆毁了，但是它那白色的马头墙，却成了我对家乡的一个不可磨灭的记忆。

1971年，我去赤壁镇上的赤壁中学读初中。学校离家有10多里路，我没钱坐公共汽车，只能步行，几乎天天迟到。有时候迟到太晚了，老师很生气，就让我站在走廊上听课。赤壁中学西边的金鸾山上有一座古庙，叫凤雏庵，是清道光二十六年（1846）为纪念蜀汉军师庞统（字士元，号凤雏）而建的。原为九重大殿，清咸丰四年（1854）被太平军烧掉八重，仅剩最上边的一重。正屋三间，东头的一间连着厨房。门前有两棵据说有1700多年树龄的银杏树，一雌一雄，比肩而立，枝叶纷披。银杏树前边有一口古井，叫"庞统井"。"文化大革命"期间，凤雏庵被赤壁镇兽医站借用，我的堂兄就在那里行医。1973年上半年，由于所谓"修正主义教育路线回潮"，学校开始抓教学质量，我的"几乎天天迟到"就成了一个严重问题。恰好堂兄约我去庵里给他做伴，于是我就住进了凤雏庵。那里真是一个读书的好地方，安静得很，空气又清新。我在庵里住了三个月，直到初中毕业。那一次的毕业考试，我的各门功课都考得很好，总分在全年级第一。我之所以考得那么好，并因此而读上高中，与凤雏庵三个月的读书生活是分不开的。我曾经写过一篇散文，名叫《在凤雏庵读书的日子》，记叙了那一段特殊的经历（见拙著《湖广随笔》，商务印书馆2020年版）。

人们常说，少年的印记是永生难忘的。我对中华古建筑的那一份敬意，就是源于家乡的这两座古庙。后来我上了大学，成了一名人文学者，到过全国各地的许多城镇。每到一处，只要得知当地有古建筑，我都要亲自去看一看。

第二个原因，是我对文学景观的关注。早在2011年，我就在学术刊物上发表了《文学景观研究》一文，之后又发表了《广东文学景观研究》《论文学景观》《中国境内著名文学景观之地理分布》《丝绸之路上的文学景观》等五篇论文，又先后在拙著《文学地理学研究》（商务印书馆2012年版）与《文学地理学概论》（商务印书馆2017年版）中设置专章，探讨文学景观的内涵、类型、特点、识别标准、价值和意义等。我应该是国内学术界最早研究文学景观的人。我认为，"所谓文学景观，就是指那些与文学密切相关的景观，它属于景观的一种，却又比普通的景观多了一层文学的色彩，多了一份文学的内涵"（《文学地理学研究》）。"简而言之，所谓文学景观，就是具有文学属性和文学功能的自然和人文景观。""文学景观是地理环境与文学相互作用的结果，它是文学的另一种呈现，既不是传统的纸质呈现，也不是新兴的电子呈现，而是一种地理呈现。它是刻写在大地上的文学。以往的文学研究并不涉及文学景观，文学景观是文学地理学研究的独特内容之一。"（《文学地理学概论》）文学景观除了文学的价值，还有地理的价值，历史的价值，以及哲学的、宗教的、民俗的、建筑的、雕塑的、绘画的、书法的价值，有的甚至还有音乐的价值，但是这些价值的实现，往往有赖于文学价值的彰显。文学的形象性、多义性和感染力，不仅超过了地理、历史、哲学、宗教和民俗，也超过了建筑、雕塑、绘画、书法和音乐。文学景观的价值是无法估量的。正是这些文学景观，深刻地影响了中华民族的精神世界。据初步统计，中国境内尚存的文学景观至少在2000处以上，这是一种极为宝贵的文学地理遗产，也是一种非常独特的文化旅游资源。

本书所讲的12座中华名楼，就属于典型的文学景观。这些名楼最初都不是因文学而修建的，但是后来都因文学而名满天下。每座名楼在历史上都曾遭到破坏，但是后来都因文学的魅力而得到重建。因此，我们既要很好地保护这些中华名楼，更要很好地研究和认识这些中华名楼。但是到目前为止，学术界对于中华名楼的研究还是很缺乏的，从文学景观的角度来研究中华名楼者更少，许多人甚至还不知道文学景观这个概念。我讲中华名楼，也是想借此介绍和传播文学景观这个概念，希望有更多的人来关注、研究、保护和利用以这些中华名楼为代表的文学景观。

2024年3月27日
于广州世纪绿洲寓所